언제나 날 도와주고 영감을 주는 가장 사랑하는 M에게
- 개비 도네이

지구에서 일어나는 마법처럼 신기한 생명에 항상 놀라워하며 궁금해하는 모든 어린이에게
- 마고 삼손 아바디

일러두기

· 동식물 이름 등 모든 한글과 외래어 표기는 국립 국어원 편찬 《표준국어대사전》을 우선으로 따랐습니다.
· 《표준국어대사전》에 등재되지 않은 경우 국립 국어원의 <외래어 표기법>의 용례를 따르되, 국립공원공단 생물종정보, 두산백과사전 두피디아와 브리태니커 백과사전 등을 참조했습니다.
· 우리말 이름이 없는 동식물의 이름은, 동식물의 특성을 잘 담고 있는 현지 이름을 표기하고 그 풀이를 함께 실었습니다.

하루살이에서 블랙홀까지, 대자연의 순환
Round and Round Goes Mother Nature

1판 1쇄 | 2023년 10월 23일

글 | 개비 도네이
그림 | 마고 삼손 아바디
옮김 | 한성희

펴낸이 | 박현진
펴낸곳 | (주)풀과바람
주소 | 경기도 파주시 회동길 329(서패동, 파주출판도시)
전화 | 031) 955-9655~6
팩스 | 031) 955-9657
출판등록 | 2000년 4월 24일 제20-328호
블로그 | blog.naver.com/grassandwind
이메일 | grassandwind@hanmail.net

편집 | 이영란
마케팅 | 이승민

값 27,000원
ISBN 978-89-8389-287-4 77400

Round and Round Goes Mother Nature
Copyright ⓒ 2023 Quarto Publishing Plc
Text ⓒ 2023 Gabby Dawnay
Illustrations ⓒ 2023 Margaux Samson Abadie
First published in the UK in 2023 by Wide Eyed Editions,
an imprint of The Quarto Group
All rights reserved.
Korean translation rights ⓒ GrassandWind Publishing Ltd, 2023
This Korean edition was published by arrangement with
The Quarto Group through THE Agency, Korea.

이 책의 한국어판 저작권은 더에이전시를 통해 The Quarto Group과의 독점 계약으로 (주)풀과바람이 소유합니다.
신 저작권법에 의해 한국 내에서 보호를 받는 저작물이므로 무단 전재와 복제를 금합니다.

※잘못 만들어진 책은 구입처에서 바꾸어 드립니다.

제품명 하루살이에서 블랙홀까지, 대자연의 순환 | **제조자명** (주)풀과바람 | **제조국명** 대한민국
전화번호 031)955-9655~6 | **주소** 경기도 파주시 회동길 329
제조년월 2023년 10월 23일 | **사용 연령** 8세 이상
KC마크는 이 제품이 공통안전기준에 적합하였음을 의미합니다.

⚠ 주의
어린이가 책 모서리에 다치지 않게 주의하세요.

하루살이 블랙홀에서까지, 대자연의 순환

개비 도네이 글 · 마고 삼손 아바디 그림

한성희 옮김

풀과바람

차례

동물

하루살이	5
옥색긴꼬리산누에나방	6
붉은캥거루	8
잠자리	10
산파개구리	12
오랑우탄	14
아귀	16
문어	18
방울뱀	20
닭	22
해마	24
북극곰	26
벌거숭이두더지쥐	28
완보동물	30
꿀벌	32
홍해파리	34
그린란드 상어	36
인간	38

식물과 균류

참나무	41
밀	42
스쿼팅 오이	44
민들레	46
코코야자	48
해바라기	50
사과	52
버섯	54
세쿼이아	56
숲과 우드 와이드 웹	58
연꽃	60

바오바브나무	62	**우주**	
파리지옥	64	태양광선	89
		별	90
지구		달	92
폭풍	67	혜성	94
사계절	68	지구	96
물	70	블랙홀	98
땅(대륙)	72		
화산	74		
토네이도	76	**찾아보기**	100
산	78		
모래	80		
빙하	82		
다이아몬드(결정)	84		
탄소	86		

동물

하루살이

반짝이는 구름처럼 물 위로 하루살이 떼가 날아올라요.

하루살이 어른벌레의 삶은 순식간에 지나가요. 어른벌레가 되면 하루나 이틀 정도밖에 살지 못하므로 짝을 찾아 번식하는 데 소중한 시간을 써요. 하루살이는 수명이 이렇게 짧은데, 어떻게 공룡 이전부터 하늘을 날아다녔을까요? 하루살이는 하늘을 날아다니는 종 중에서 살아 있는 가장 오래된 종이에요. 전 세계 어디에서나 볼 수 있죠.

1
봄이면 시원한 물가에서 하루살이의 한살이가 시작돼요. 떼를 지어 날아오르는 수컷 사이로 암컷이 날아들어요.

2
쉭! 수컷 하루살이가 공중으로 빠르게 날아가요.

3
수컷은 길쭉한 앞다리를 우아하게 쭉 뻗어 지나가는 암컷을 탁 잡아요. 그런 다음 날아다니며 공중에서 짝짓기해요.

4
짝짓기가 끝나면, 암컷은 물 위로 내려와 알을 낳아요. 알을 다 낳은 암컷은 지쳐 죽고 말아요.

5
근처에 내려온 수컷도 마지막 숨을 내쉬고 죽어요.

6
물속으로 가라앉은 알은 돌이나 식물에 착 달라붙어요. 종에 따라 알은 며칠 또는 몇 주간 거기에 머물러요.

7
알을 깨고 나온 애벌레는 물속에서 2년쯤 우적우적 먹기만 하다가…

8
…음, 이게 뭘까요? 흐릿한 색깔의 곤충이 물에 젖은 날개를 물 위로 끌어 올려 말리고 있어요. 하루살이 한살이의 세 번째 단계인 '아성충'이에요.

9
몇 시간만 지나면 '아성충'은 허물을 벗고 어른벌레가 되죠.

10
이제 완전히 다 자랐어요. 하루살이 어른벌레는 재빨리 움직여야 해요.

11
짝을 찾아 처음부터 다시 시작해야 하니까요!

옥색긴꼬리산 누에나방

희미한 달빛 속에서 옥색긴꼬리산누에나방이 날아다녀요.

솜털로 뒤덮인 몸과 연둣빛 날개, 우아한 뒷날개 꼬리를 지닌 옥색긴꼬리산누에나방은 매력 넘치는 생명체예요. 수명이 짧고 밤에 활동하므로 보기 드물죠. 미국에서는 로마 신화 속 달의 여신의 이름을 따 루나 나방으로도 불러요.

대부분의 나방처럼 옥색긴꼬리산누에나방도 밤을 좋아해요. 창백한 얼굴로 외로이 떠도는 유령처럼 달빛 아래 짝을 찾아 조용히 날개를 펄럭이며 빙빙 돌아요. 옥색긴꼬리산누에나방은 아무것도 먹지 않고, 오직 후손을 만드는 일에만 몰두하죠.

3 포식자가 저녁거리를 찾으러 나타났어요! 작지만 사나운 애벌레가 벌떡 일어나 맞서요. 애벌레는 입으로 톡톡거리며 시끄러운 소리를 내지만, 포식자는 끄떡하지 않아요. 용감한 애벌레가 지독한 액체를 탁 뱉자, 그제야 딱정벌레는 허둥지둥 달아나요.

톡! 톡! 톡!

2 열흘쯤 지나면 작은 초록빛 애벌레가 모습을 드러내요. 애벌레는 배가 너무 고파서 맛있는 나뭇잎을 온종일 우적우적 먹어요.

1 감나무 잎에서 아주 특별한 일이 일어나고 있어요. 암컷 옥색긴꼬리산누에나방이 알을 낳고 있어요. 암컷은 목적을 이루면 곧 밤하늘로 날아가 버리죠.

7 갓 어른벌레가 된 암컷은 빨리 움직여야 해요. 일주일밖에 살지 못하니까요. 암컷은 짝짓기를 위해 '페로몬' 향을 내뿜어 수컷을 유혹해요. 암컷이 알을 낳으면, 옥색긴꼬리산누에나방의 한살이가 다시 시작되어요.

4 애벌레는 자라면서 허물을 벗어요. 이 과정을 '탈피(허물벗기)'라고 해요. 애벌레는 다섯 번 탈피한 다음에 적당한 나무를 찾아 나뭇잎으로 몸을 돌돌 감싸죠.

5 포근한 고치 안에서 마법처럼 놀라운 일이 벌어져요. 애벌레가 '변태(탈바꿈)'를 시작하거든요. 이 과정은 3주 정도 걸려요.

6 어느 날 아침, 애벌레가 어른벌레로 완전히 모습을 바꿔 나타나요. 옥색긴꼬리산누에나방은 따스한 햇살에 날개를 쫙 펼쳐요. 날개가 다 마르면 해 질 무렵 날아갈 준비를 해요.

옥색긴꼬리산누에나방은 벚나무, 호두나무, 히커리, 미국풍나무, 감나무, 자작나무 등의 나뭇잎에 알을 낳아요.

붉은캥거루

뜨거운 태양이 내리쬐는 사막에서 캥거루가 태어나 새로운 모험이 시작됩니다.

오스트레일리아의 드넓은 초원과 사막에는 덩치 크고 점프력 좋은 붉은캥거루가 살고 있어요. 힘센 뒷다리와 기다란 꼬리, 약간 붉은 회색 털을 지닌 붉은캥거루는 캥거루 가운데 몸집이 가장 커요. 붉은캥거루는 일 년 내내 무리 지어 살면서 새끼를 키워요.

적극적인 수컷이 암컷에게 먼저 다가가는데, 가끔 다른 수컷과 싸울 때도 있어요. 수컷은 코로 킁킁 냄새를 맡으며 "안녕" 하고 암컷에게 인사하죠. 암컷은 혼자서 새끼를 계속 키워요. 이때부터 진짜 이야기가 시작된답니다.

1 암컷 붉은캥거루가 28일 동안 새끼를 배고 있다가 아주 작은 새끼 캥거루를 무사히 쑥 낳아요. 털이 없는 분홍빛 새끼 캥거루는 앞을 거의 보지 못해서 튼튼한 앞발로 엄마한테 기어가 새끼주머니(육아낭)로 쏙 들어가죠. 엄마 캥거루는 새끼를 낳고 며칠 지나지 않아 짝짓기하고 다시 임신하기도 해요. 이럴 때 엄마 캥거루는 먼저 태어난 새끼가 독립할 때까지 새로 임신한 태아가 자라는 것을 잠시 멈춰둬요.

2 '조이'로 불리는 새끼 캥거루는 새끼주머니에 들어가면 젖꼭지에 달라붙어요. 엄마 캥거루는 주머니 속 새끼 캥거루의 배설물을 혀로 핥아 먹고 영양이 풍부한 젖을 만들어요! 새끼 캥거루는 엄마 덕분에 쾌적한 곳에서 안전하게 젖을 먹으며 무럭무럭 자라요.

캥거루는 유대목 동물이에요. 이들의 새끼는 엄마의 자궁에서 자라지 않는 대신에 엄마의 널찍한 새끼주머니 안에서 235일 동안 쑥쑥 자라죠.

3 190일쯤 되면 새끼 캥거루는 털이 보송보송 나고 엄마를 쏙 빼닮아 아주 귀여워요. 새끼는 고개를 쏙 내밀고 이리저리 둘러보다가 용기가 생기면 밖으로 조금씩 기어나가요. 이때 엄마는 봄맞이 대청소를 하는 것처럼 주머니를 싹 치우죠!

잠자리

한 줄기 빛처럼 휙휙 잠자리가 연못 주변과 갈대 사이를 날아다닙니다.

잠자리는 재빠른 속도와 놀라운 아름다움을 지닌 곤충입니다. 잠자리는 지구에 공룡보다도 먼저, 약 3억 년 동안 존재해 왔어요. 선사 시대 잠자리는 오늘날 가장 큰 잠자리보다 약 5배나 큰 대형 잠자리였어요. 잠자리는 크기가 작아졌지만, 지금까지도 살아남아서 계속 세대를 이어가고 있죠. 오늘날 알려진 잠자리는 3천 종이 넘으며, 남극을 제외하고 모든 대륙에서 살고 있어요. 연못, 호수, 강이나 늪이 있는 곳이라면 어디든 물 위를 날아다니는 잠자리를 볼 수 있답니다.

하늘을 나는 데 있어 잠자리는 최고로 손꼽히죠. 잠자리는 헬리콥터처럼 뱅뱅 맴돌기도 하고, 앞뒤, 위아래, 옆으로 날아갈 수 있죠. 잠자리는 시력이 가장 좋은 곤충이기도 해요. 눈이 아주 커서 최대 12미터 떨어져도 볼 수 있어요. 뛰어난 시력과 속도로 날면서도 먹이를 휙 낚아채죠. 사냥 성공률이 95%나 된대요. 잠자리는 지구에서 가장 실력 있는 사냥꾼이랍니다.

1
암컷 잠자리가 딱 좋은 장소를 찾았네요. 물이 시원하고 잔잔하며 조용한 연못이에요. 암컷은 수컷과 짝짓기를 하고 나서 아주 특별한 일을 하러 이곳에 왔어요. 암컷은 수련 잎 위에 자리를 잡고서 물속에 소중한 알을 낳아요.

2
알은 안에서 새끼가 나올 때까지 튼튼한 갈대에 딱 붙어 있어요.

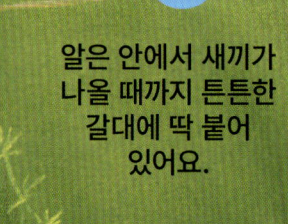

3
드디어 알을 깨고 새끼 잠자리가 태어나요. 잠자리 애벌레를 '학배기'라고도 부르는데, 어른벌레와는 매우 다르게 생겼어요.

4
잠자리 애벌레는 엄청난 육식성 포식자예요! 무시무시한 입을 가지고 있으며 머리 아래에 턱이 접혀 있어요. 이 턱은 팔처럼 쑥 뻗어 나와서 먹이를 덥석 잡아요. 알에서 막 나온 애벌레는 물속 세상을 여기저기 돌아다니며 먹잇감을 잡아먹어요. 모기부터 작은 물고기와 올챙이도 먹고, 애벌레끼리 서로 잡아먹기도 한답니다. 정말 뭐든지 먹어대요!

난 여기 연못 바닥에 몰래 숨어 있어. 작아도 아주 힘이 세!

산파개구리

시원한 바람이 부는 여름밤, 어디선가 이상한 울음소리가 들려오기 시작해요.

처음에는 하나의 소리로 들렸는데, 점차 노랫소리가 커지면서 전자음처럼 고음으로 주변을 꽉 채워요. 이렇게 독특한 합창단의 노래는 짝짓기 철에 산파개구리 둥지에서 나는 소리랍니다.

수줍음 많은 산파개구리는 서늘하고 물기 많은 곳을 좋아해요. 유럽과 북아프리카 곳곳에서 볼 수 있죠. 산파개구리는 다른 양서류와는 달리 알을 낳으면 내버려 두지 않고 잘 돌본답니다. 산파개구리라는 이름도 그래서 붙여졌어요. 사실 수컷 산파개구리는 육아 기술이 아주 뛰어난 아빠랍니다.

1 암컷 산파개구리는 연못가에 자리를 잡고 개굴개굴 노래를 불러요. 뭘 찾고 있을까요?

2 수컷 한 마리가 노래로 응답해요. 암컷이 짝을 찾았어요! 수컷은 알을 수정한 다음에 아주 중요한 일을 시작하죠. 수컷은 줄줄이 이어진 노란 알을 뒷다리와 등에 두르고 잘 지켜요.

3

성실한 아빠 산파개구리는 새끼를 최대한 많이 만들려고 첫 번째 수정한 알을 데리고 다니면서 다른 알을 계속 수정시켜요. 한 번에 알 덩어리를 세 번이나 옮길 수 있어요!

난 8주 동안 알들을 조심스럽게 들고 다니지. 포식자가 소중한 알을 해치지 못하도록 하려고.

4

알이 부화할 때가 되면, 아빠 산파개구리는 차가운 물이 고인 가장 가까우면서도 적당한 곳을 찾아다니죠. 연못이나 큰 물웅덩이가 딱 좋아요. 여기에 알을 떨어뜨리면 아빠의 할 일은 끝나요. 언젠가 새끼들과 다시 만날 날이 오겠죠.

5

올챙이가 알에서 나와 꿈틀거리며 헤엄쳐요. 올챙이는 점점 자라서, 엄마 아빠보다 훨씬 길어져요. 길이가 약 9센티미터로 자라기도 하고, 작으면 4~5센티미터 정도 자라기도 하죠.

6

올챙이는 크면서 '변태' 과정을 겪어요. 뒷다리가 쏙 나온 다음에, 앞다리가 나오고, 마지막으로 꼬리가 없어지죠. 이 놀라운 과정은 3~5주 정도밖에 걸리지 않아요.

변태(탈바꿈)

다 자란 산파개구리는 야생에서 8년 정도까지 살 수 있어요.

7

마침내 알에서 올챙이를 거쳐 개구리가 되는 변화 과정이 끝났어요. 어린 산파개구리는 폴짝 뛰어올라요! 얼마 뒤에는 밤에 개굴개굴 노래를 부르고, 2~3년이 지나면 알을 데리고 다닐 거예요. 다시 처음부터 시작하는 거죠.

오랑우탄

보르네오섬과 수마트라섬은 자연 그대로의 모습을 간직하고 있어요. 이곳 울창하고 깊은 숲속에는 털이 길고 팔이 길쭉한 귀여운 주황색 오랑우탄이 살고 있죠.

오랑우탄은 표범이나 호랑이와 같은 포식자를 피하려고 잎이 무성한 높은 나무 위에 살고 있어요. 거기에서 잠을 자고, 나뭇가지를 타며 놀거나 먹이를 찾아다니고, 새끼도 키우죠. 몸집이 크고 외로운 오랑우탄은 나무에 사는 포유동물 가운데 세계에서 가장 큰 영장류예요. 최대 45년 동안 살 수 있어요. 오랑우탄이 가장 두려워하는 건 서식지인 열대 우림이 사라지는 거예요.

오랑우탄은 엄마와의 관계가 가장 중요해요.

엄마 오랑우탄은 새끼에게 살아가는 데 꼭 알아야 할 모든 것을 하나도 빠짐없이 다 가르쳐 줘요. 유인원 중에서 오랑우탄은 거의 사람처럼 가장 느리게 크고 집을 떠나는 데도 가장 오래 걸리죠.

> 짝짓기했으니 난 떠날게. 새끼를 키우는 건 내 알 바 아니야.

1 '플랜지'라고 불리는 볼살이 생기면서 몸집도 커지고 목주머니도 발달한 수컷 오랑우탄은 큰 소리로 암컷을 불러요. 모든 수컷에 플랜지가 있는 건 아니에요.

2 여덟 달 반 정도의 임신 기간이 지나면 엄마 오랑우탄은 새끼를 낳아요. 새끼가 태어나면서 가장 다정하고 애정이 깃든 오랜 관계가 시작되죠.

3 새끼는 태어나서 2년간 엄마한테 꼭 붙어서 젖만 먹어요.

4 새끼는 엄마를 보고 배워요. 어떤 과일이 맛있는지, 어떻게 과일을 따고 먹어야 하는지를 보고 배우죠. 새끼는 지독한 냄새를 풍기지만 맛 좋은 두리안의 뾰족한 껍데기를 어떻게 잡고 다루는지를 금방 보고 익혀요.

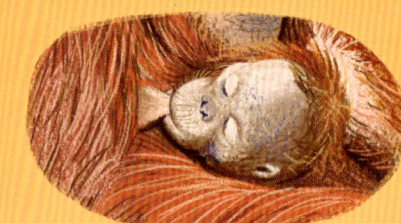

아귀

어두컴컴한 바닷속에서 날카로운 이빨이 달린 괴물이 생체 발광 등을 밝히며 모습을 드러내요.

아귀만큼 이상하고 놀라우면서 독특한 한살이를 가진 생물은 자연계에 거의 없어요. 깊은 바닷속에 사는 아귀는 생김새만 이상한 게 아니에요. 무시무시한 겉모습보다도 행동이 훨씬 더 희한하거든요.

심해(깊은 바다) 아귀는 이름에서 알 수 있듯이 아주 깊은 바닷속에 살아요. 최대 3962미터 깊이의 바다에는 햇빛이 하나도 들어오지 않아요. 얼음처럼 차갑고 매우 캄캄하죠. 먹을 것도 별로 없어요. 심해 아귀는 저녁거리를 쫓아다니지 않는 대신에, 달팽이처럼 느리게 물속에서 움직여 에너지를 아껴요. 생체 발광 낚싯대를 이용해서 먹잇감이 다가오기를 가만히 기다리죠. 낚싯대로 먹잇감만 낚지는 않아요. 아귀가 번쩍이는 초롱불로 끌어들이고 싶은 게 또 있거든요.

> 난 암컷 아귀인데, 엄청나게 커. 길이가 30센티미터 넘게 자랄 수 있어.

> 난 수컷 아귀인데, 길이가 겨우 2.5~15센티미터쯤으로 아주 작아.

1 어둡고 깊은 바닷속에서 작은 수컷 아귀는 커다란 콧구멍으로 킁킁거리며 냄새로 암컷이 어디 있는지를 찾아내요.

2 수컷은 일단 암컷을 찾으면 날카로운 이빨로 암컷의 배를 꽉 물고 절대 놓지 않아요.

3 수컷의 입은 암컷 몸속에 녹아 들어가 한 몸이 돼요. 수컷은 암컷으로부터 영양분을 얻어요.

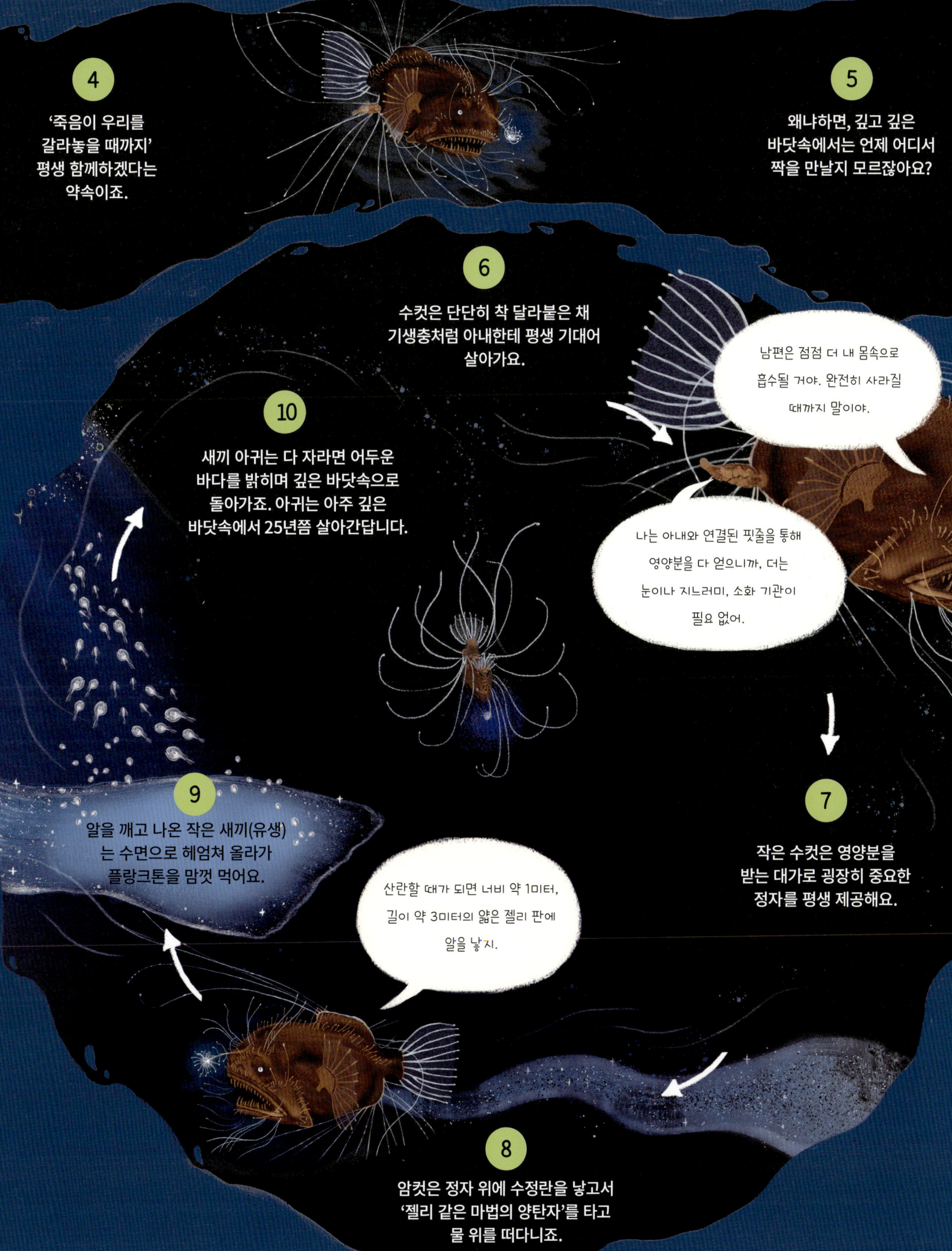

문어

맘대로 바꾸는 몸과 잘 보이지 않는 눈, 복잡한 뇌와 똑똑한 지능, 세 개의 심장과 푸른 피를 가진 문어는 먼 우주에서 온 외계 생물체일까요?

문어는 놀랍고 신기하게도 생김새를 마음대로 바꿔요. 작은 틈으로 쏙 들어가거나 조개 밑으로 슬그머니 들어가 숨을 수도 있어요. 모방 능력이 뛰어나 주변 색과 질감으로 감쪽같이 변신해 바닷속으로 사라져 버리죠. 적이 다가오면 먹물을 쫙 내뿜으며 달아나요.
문어는 얼굴을 알아봐서 사람과 친해질 수 있어요. 문어는 가장 똑똑한 무척추동물(민등뼈동물)로 두 살배기 아기와 지능 수준이 같아요. 무엇보다도 만약에 문어가 초능력이 없을 때 상어한테 팔 하나를 물어뜯기더라도 팔이 또 자랄 수 있어요.

1 문어는 주로 혼자서 지내다가 짝짓기할 때만 같이 있어요.

2 평범한 수컷 문어는 넓은 바다에서 짝을 찾는 데 긴 시간이 걸려요.

3 수컷은 커다란 암컷을 발견하면 얼른 빨판을 보여 줘요. 수컷이라고 알려야 잡아먹히지 않거든요.

4 아빠 문어는 짝짓기하고 나면 먼 길을 떠나서 죽어요.

난 심장이 세 개나 있어. 그래서 내가 다정한 엄마인가 봐.

5 엄마 문어는 남아서 5만 6천 개의 알을 다 돌보죠.

나는 새끼를 돌보는 데 반평생을 보내지.

6 엄마 문어는 최대 열 달 동안 알을 품으며 정성껏 새끼를 돌보죠.

방울뱀

뜨거운 사막 모래밭 바위 밑 그늘에서 방울뱀이 쉬고 있어요.

뱀은 팔다리가 없는 도마뱀과 비슷하며, 길쭉한 몸을 미끄러지듯이 스르륵 움직여요. 파충류에 속하며 아주 작은 것부터 매우 긴 것까지 몸길이가 다양하고 종류가 3천여 종 있어요. 북미, 중미, 남미에서 많이 발견되는 방울뱀은 바위투성이 언덕에서부터 풀밭과 사막 모래에 이르기까지 여러 서식지에서 살고 있어요. 독이 있는 방울뱀은 몇 가지 독특한 특징이 있어요. 몸통이 두껍고 눈동자가 세로로 길며, 비늘은 마름모 모양이에요. 적을 위협하려고 꼬리를 흔들어 소리 내는 것으로 유명하죠. 대개 뱀은 알을 낳지만, 방울뱀은 새끼 뱀을 낳아요.

1 암컷 방울뱀은 길이가 약 25 센티미터에 달하는 새끼 뱀을 열 마리쯤 낳아요. 어린 방울뱀은 아직 방울 소리를 내지 못해요. 좀 더 자라야 해요. 하지만 독은 태어나자마자 만들 수 있지요.

2 엄마 방울뱀은 새끼들을 한데 모아놓고 곁에서 따뜻하게 해 줘요. 어떤 뱀은 겨우 몇 시간만 곁에 머물지만, 다이아몬드방울뱀처럼 새끼가 허물을 처음 벗을 때까지, 최대 10일 동안 같이 있기도 해요.

쉭쉭! 얘들아, 옆에 꼭 붙어 있으렴. 너무 멀리 가지 마.

어떤 방울뱀은 새끼들보다 피부색이 더 짙어요. 그러면 어미가 열을 더 많이 흡수해서 새끼를 따뜻하게 해 줄 수 있어요.

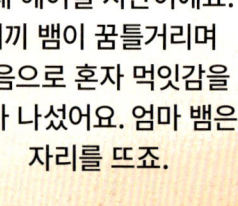

3 이제 헤어질 시간이에요. 새끼 뱀이 꿈틀거리며 처음으로 혼자 먹잇감을 찾아 나섰어요. 엄마 뱀은 자리를 뜨죠.

4

어린 방울뱀 한 마리가 슬그머니 배로 살살 기어가더니, 쥐와 새, 도마뱀처럼 작은 동물을 사냥해요. 어린 방울뱀은 먹잇감에 확 달려들어 독을 놓은 다음에 통째로 꿀꺽 삼켜 버려요!

5

혼자서도 잘 지내는 어린 방울뱀은 새로운 생활에 익숙해져요. 굴에서 지내며 2주일에 한 번 먹이를 잡아먹고, 일 년에 두세 차례 허물을 벗으며 쑥쑥 자라죠. 뱀은 자라면서 바깥 피부층 껍질인 허물을 벗어 버려요.

6

방울뱀은 허물을 벗을 때마다 꼬리 끝에 달리는 비늘이 하나씩 늘어나요. 방울 모양 각질들은 서로 이어져 있어 꼬리가 떨릴 때 비벼져 소리가 나요. 방울뱀은 자신을 잡아먹으려는 포식자가 다가오면 꼬리를 흔들어 방울 소리로 적을 위협하죠.

7

방울뱀은 4살쯤 되면 새끼를 가질 준비가 되어요. 암컷은 수컷 방울뱀을 끌어들이려고 냄새를 남기죠. 암컷 방울뱀은 짝짓기한 뒤에 167일 동안 몸속에서 키우다가 새끼를 낳아요.

8

암컷 방울뱀은 앞으로 2년마다 한 번씩 짝짓기하고 새끼를 낳는 삶을 반복할 거예요. 어떤 방울뱀은 야생에서 25살까지 살 수 있어요.

닭

암탉이 포근한 닭장에서 알을 품으며 꼬꼬댁거려요.

주변에서 흔히 보는 닭은 잘못 알려진 게 많아요. 이 새는 개성과 아름다움, 총명함이 철철 넘쳐흐르죠. 닭은 어울려 달리면서 노는 걸 좋아하는 동물이랍니다. 가끔 친구를 잃으면 슬퍼하죠. 다른 닭의 얼굴을 100마리까지 기억할 정도로 똑똑하기도 해요. 게다가 꿈도 꿔요!

깃털 달린 공룡의 후손이자 친근한 닭은 전 세계에 살고 있어요. 말레이시아에서는 가장 작은 품종의 닭(밴텀)을 반려동물로 키우며 아름다움을 뽐내는 대회에 내보내기도 해요. 복슬복슬한 털이 하얀 오골계에서부터 윤기 흐르는 검은 털이 달린 반네벨터에 이르기까지, 지구에는 사람보다 닭이 더 많아요!

1

닭장 한구석에서 중요한 만남이 이뤄지고 있어요. 씩씩한 수탉이 암탉에게 다가가요. 암탉은 꼬박꼬박 알을 낳아요. 하지만 수탉과 짝짓기를 하지 않고 낳은 알은 병아리가 되지 못해요. 다행히 암탉은 수탉이 맘에 들어서 짝짓기해요.

2

2주 동안 암탉은 수정란을 낳아요. 암탉은 하루에 한두 개씩 최대 14개의 알을 낳아요.

해마

대서양 서쪽의 온화한 바다에서 해마 두 마리가 몸을 휘감으며 사랑의 탱고를 추고 있어요.

멋진 해마는 평범한 물고기가 아니에요. 이 바다 생물은 귀여운 주둥이와 돌돌 말린 꼬리 등 아주 독특한 특징을 지니고 있어요. 해마의 종류는 40종이 넘어요. 흔들리는 해초와 잘 어우러진 해마를 얕고 잔잔한 바다에서 가장 많이 볼 수 있어요.
해마는 수영 실력이 뛰어나지는 않지만, 작은 지느러미 세 개로 방향을 잡고 물속을 헤엄치죠.

그런데 가장 놀라운 점은 이 작고 유별난 동물의 특이한 삶이에요.

1

바다 밑바닥에서 수컷 해마와 암컷 해마가 만나요. 둘은 호기심 어린 큰 눈으로 서로를 바라보며 아름다운 첫 데이트 의식을 시작해요.

2

두 마리의 작은 해마는 서로 감싸며 춤을 추면서 눈부시게 화려한 색으로 변해요. 둘은 최대 8시간 동안이나 계속 출출 수 있어요.

3

춤이 끝나면 둘은 짝짓기를 해요. 암컷 해마는 수컷의 '육아낭'에 알을 다 넣어요. 육아낭은 수컷 배에 있는 특별한 주머니예요.

4

당분간 엄마 해마의 일은 끝났지만, 앞으로 더 많은 알을 만들 거예요.

5

아빠 해마는 크기와 종에 따라 5개에서 1500개의 알을 품고 다녀요. 알을 그냥 보관만 하는 것이 아니라, 암컷 포유류가 새끼를 자궁에 품고 있듯이 아빠 해마는 주머니 벽에 든 알을 품고 돌봐요.

6

아빠 해마 주머니 안에 있는 액체는 산소로 알을 깨끗이 씻기고 영양분을 주며, 더러운 노폐물을 치워 줘요.

7

엄마 해마는 수컷이 알을 품는 동안에 매일 아침 찾아가요. 만날 때마다 몸을 까닥거리며 수컷에게 인사를 건네죠. 그러고는 다음 날 다시 돌아올 때까지 최대한 많이 먹으려고 떠나죠.

8

몇 주 뒤 어느 날 밤에, 아빠 해마는 모양을 다 갖춘 아주 조그마한 새끼 해마를 여러 마리 낳아요. 엄청나게 작은 새끼 해마들은 아빠 배에 있는 구멍에서 쏙 나와요. 쉼표처럼 생긴 작은 새끼 해마들은 꿈틀거리며 자신의 삶을 시작합니다.

우린 아주 작지만, 이제 스스로 살아갈게요. 엄마 아빠, 안녕! 얘들아, 가자!

9

바로 다음 날 아침, 엄마 해마와 아빠 해마는 다시 한번 물속에서 춤을 춰요. 다시 짝짓기하려고 준비하는 거죠.

여보, 안녕! 나랑 같이 춤출래?

10

바다에서 새끼 해마는 몇 마리씩 모여서 함께 지내죠. 서로의 꼬리에 달라붙어 물 위를 떠다녀요.

11

수천 마리가 태어나지만 몇 마리만 운 좋게 겨우 살아남아서 어른 해마가 돼요.

12

그런데도 태어나고 죽는 신기한 대자연의 순환을 다시 시작하기에는 충분해요!

북극곰

북극곰은 눈 위를 뽀드득 밟으며 얼음으로 뒤덮인 평원을 어슬렁어슬렁 돌아다닙니다.

오랫동안 사람들은 우람하고 거대한 북극곰을 매우 신기해했어요. 이누이트 사람들은 북극곰에 대한 두려움과 감탄을 드러낸 신화와 전설을 후손에게 대대로 전해줬어요.

북극곰은 세계에서 가장 크고 사나운 땅 위의 포식자입니다. 얼음 위에서 살지만, 바다에서 사냥하기 때문에 바다 포유동물로도 알려져 있어요. 가끔 물개를 사냥할 때는 수백 킬로미터의 먼 거리를 헤엄치기도 하죠. 아주 거대한 이 동물은 천적이 없는 북극을 지배합니다. 북극곰은 몹시 추운 날씨와 오랜 굶주림, 기후 변화의 영향을 겪으면서도 여전히 견디고 있어요.

1 봄이 왔어요. 다 자란 수컷 북극곰은 물개를 가장 잘 사냥할 수 있는 곳으로 왔어요. 여기서 짝도 찾죠.

2 수컷 북극곰은 일단 암컷을 찾으면 오래 머무르지 않아요.

3 약 일주일쯤 뒤, 수컷은 새끼를 밴 엄마 곰을 남겨두고 다른 암컷을 찾아 떠나요. 북극곰은 짝을 여럿 둘 수 있거든요.

4 여름이 오면 먹이가 부족해요. 엄마 곰은 물개를 잡으러 바다로 향하지만, 얼음이 녹아 육지에서 먹잇감을 찾아다녀야 해요. 엄마 곰은 먹이를 먹지 않아도 몸속 지방으로 최대 9개월을 버틸 수 있어요.

5
가을이 오면 엄마 곰은 눈 속 깊은 곳에 안전하게 지낼 굴을 만든 다음에…

…그곳에서 겨울을 기다리죠.

6
엄마 곰은 아늑한 굴에서 몇 달을 보낸 뒤 12월과 1월 사이에 두세 마리의 새끼를 낳아요.

7
곰 가족이 다 함께 굴 안에서 꼭 껴안고 있네요. 엄마 곰은 복슬복슬한 몸으로 새끼를 계속 따뜻하게 해 주죠. 새끼 곰은 영양이 풍부한 엄마 젖을 먹고 무럭무럭 자랍니다.

엄마, 굴 밖 세상을 빨리 보고 싶어요!

8
3월이나 4월쯤 되면 호기심 많은 새끼 곰은 굴 밖으로 모험을 떠나려 해요. 처음에 새끼 곰은 가까운 거리를 나갔다가, 점차 얼음 바다에서 헤엄치고 사냥하는 법을 배워요.

북극곰은 흰색으로 보이지만, 실제로는 털이 투명하고 피부가 까맣답니다.

9
새끼 곰은 엄마와 2년 동안 배우고 놀고, 자라면서 엄마 품을 떠날 준비를 해요. 4살쯤 되면 자기 가정을 꾸리기 시작하죠.

그렇게 삶은 계속되는 거예요!

벌거숭이 두더지쥐

어두컴컴한 땅속에는 비밀스러운 세계가 기다리고 있어요.

작고 특이한 벌거숭이두더지쥐는 참 보기 드문 설치류랍니다. 작은 눈은 거의 보이지 않고, 벌거벗은 몸은 분홍 소시지와 비슷하게 생겼어요. 긴 뻐드렁니가 '검치호'의 날카로운 송곳니처럼 툭 튀어나왔지만 별로 무섭지 않아요!

이상해 보이는 이런 특징들은 사실 동아프리카의 건조한 초원 아래 땅속 생활에 적응하느라 생겨난 거예요. 생김새가 독특한 이 쥐는 최대 300마리까지 함께 무리 지으며 역할을 잘 나눠서 '완전히 사회성'을 갖춘 집단으로 살아가죠. 딱 하나의 암컷인 '여왕'만 새끼를 낳아요. 다른 쥐들은 터널을 만들고, 먹이를 찾고, 새끼를 돌보고, 무리를 지키는 일꾼이에요.

1
사랑은 어디에나 있어요. 이 무리의 여왕은 아빠가 될 수컷 두 마리를 새로 골랐어요. 여왕은 최대 세 마리와 짝짓기할 때도 있어요. 괜찮으면 이들은 몇 년간 짝짓기를 계속해요.

5
새끼가 자라면서 주변의 일꾼 두더지쥐들은 다들 맡은 일을 하느라 바빠지죠. 그들은 굴을 파고, 청소하고, 먹이를 찾고, 새끼 돌보기를 돕느라 바빠요. 영양이 풍부한 먹이를 새끼에게 먹이는데, 필요할 때 똥을 싸서 주기도 하죠!

4
약 2주 뒤에 새끼 두더지쥐들은 식물 뿌리처럼 단단한 먹이와 참마처럼 통통한 덩이줄기를 먹기 시작해요.

6
4주가 되면 새끼들은 일할 준비가 돼요. 여왕이 살아 있다면 새끼는 일꾼이나 여왕의 짝이 될 거예요. 한편 여왕은 이미 다시 임신해서 집단을 더 크게 키우려 준비하고 있죠.

우리는 30년을 살 수 있어. 땅속에는 천적이 없거든. 우린 아주 특별해!

완보동물

맨눈으로는 보이지 않을 정도로 작고, 곰 인형처럼 통통한 생물이 이끼 사이에서 느릿느릿 움직여요.

작은 완보동물은 지구 어디에나 사는 아주 작은 수생 동물입니다. 습기를 좋아하는 완보동물은 이끼와 지의식물에서 사는 것을 가장 좋아해요. 그 덕분에 '물곰'과 '이끼 새끼 돼지'라는 별명을 얻었어요.

완보동물은 6억 년 전부터 존재했던 아주 작은 무척추동물이에요. 공룡보다 약 4억 년이나 앞섰어요! 귀여운 외모만큼이나 유명한 가장 큰 특징은 몹시 견디기 어려운 극한 조건에서도 살아남는 능력이에요. 완보동물은 꽁꽁 얼리거나 펄펄 끓이거나 완전히 말려도 살아남을 수 있어요. 화산의 뜨거운 용암 속, 아주 깊은 바닷속, 모래 언덕 밑바닥이나 산더미 같은 빙산 속에서도 살아남을 수 있죠. 완보동물은 방사능 수치가 지구보다 700배나 높은 먼 우주에 갔다가도, 일부가 무사히 돌아왔어요.

완보동물은 1000종이 넘게 발견되었어요.

1 완보동물은 다 자라도 기껏해야 1.5밀리미터밖에 되지 않는데, 훨씬 더 작고 동그랗고 울퉁불퉁한 알에서 태어나요. 알을 깨고 나오는 데 40~90일이 걸려요.

2 어린 완보동물은 여덟 개의 뭉툭한 다리로 헤엄쳐 나오죠.

먹을 준비가 됐어!

3 어린 완보동물은 점점 자라면서, 커질 때마다 아주 작은 뱀처럼 허물을 벗어요. 이 과정을 '탈피'라고 해요. 종에 따라, 다 자라기 전까지 4~12번 탈피해요.

벗은 껍질은 알을 낳을 때 써먹지!

4 완보동물은 서식지에 필요한 게 다 있으면 2년 반 정도 살 수 있어요.

5
암컷은 벗은 껍질과 몸통 사이 공간에 알을 낳아서 번식해요.

6
수컷은 알을 수정하려고 암컷에게 다가가서 특별한 사랑의 춤을 추면서 암컷의 머리를 감싸요. 알이 부화하면 완보동물의 한살이는 다시 시작되는 거죠.

7
그런데 완보동물은 스트레스를 받으면 벗은 껍질로 '낭'이라는 주머니를 만들어요.

주머니 안에서 웅크린 채 괜찮아지기를 기다릴 거야!

8
하지만 상태가 너무 나빠지면, 완보동물은 '툰' 상태로 바뀌어요. 툰 상태는 생명 활동을 멈추고 가사(거짓 죽음) 상태에 빠지는 것을 뜻해요. 몸이 거의 바짝 말라 버리죠.

난 30년 동안 움직이지 않고 가만히 있을 수 있지.

완보동물은 지구에서 가장 생존력이 강한 생물일지 모르지만 절대로 천하무적은 아니에요.

난 아주 작은 벌레처럼 생긴 '선충'이라는 동물이야. 내가 가장 좋아하는 먹이는 완보동물이지.

난 종류가 다른 완보동물인데, 다른 완보동물을 잡아먹어!

31

꿀벌

어느 기분 좋은 여름밤, 3만 마리의 꿀벌이 윙윙거리며 하늘을 나는 소리가 들려요.

꿀벌은 전 세계에서 발견된 2만 종 이상의 벌 중 하나일 뿐이에요. 꿀벌은 다른 곤충처럼 꽃가루받이(수분) 매개자입니다. 이쪽저쪽 식물 사이를 오가면서 수술의 꽃가루를 암술로 옮겨 수분을 돕죠. 식물이 성장하고 번식하려면 꽃가루받이가 꼭 필요해요. 꿀벌이 특별한 이유가 또 있어요. 꿀벌은 굉장히 멋진 '8자 춤'을 춰서 다른 벌에게 가장 맛있는 꿀이 어디 있는지 알려 주거든요. 게다가 꿀벌은 사람이 먹을 수 있는 '꿀'을 만드는 유일한 곤충이에요!

꿀벌은 흔히 '초유기체'로 불리는 군집 생활을 해요. 수많은 개체로 이뤄진 무리가 하나의 생명체처럼 행동하기에 '초유기체'라 불리죠. 꿀벌 집단에는 세 종류의 벌이 있는데, 각자 중요한 일을 나누어 맡고 있어요.

일벌은 모두 암컷이에요. 일벌은 무리가 잘 살도록 돕느라 바쁘답니다. 꽃가루를 모으고, 꿀을 만들고, 어린 벌을 돌보고, 벌집을 청소하고, 짓고, 지키는 일을 해요.

수벌은 수컷 벌이에요. 짝짓기해서 새로 태어날 꿀벌을 만드는 일을 해요. 수벌은 일벌이 주는 먹이를 먹고, 짝짓기할 여왕벌을 찾아 집을 나서죠.

여왕벌은 꿀벌 집단을 다스려요. 벌집 한 무리에 한 마리만 있으며, 다른 벌에게 무엇을 해야 할지 알려 줘요. 여왕벌은 다음 세대로 자라날 알을 낳기도 해요.

1

여름이 왔어요. 여왕벌이 짝짓기하는 계절이죠. 여왕벌은 벌집 밖으로 날아가 수벌 떼에게 다가갑니다. 수벌은 다양한 여러 무리에서 여기로 날아왔어요. 이들은 다가오는 여왕벌과 누가 짝짓기할지를 두고 서로 경쟁할 준비를 마쳤어요.

2

여왕벌은 수벌 떼로 날아가서 여러 번 짝짓기해요. 평생 알을 낳을 정도로 정자를 충분히 모아야 하죠. 그 뒤 여왕벌은 벌집으로 다시 돌아오지만, 불쌍한 수벌은 운이 별로 없어요. 수벌은 짝짓기가 끝나자마자 죽어서 땅으로 툭 떨어져요.

3
벌집으로 돌아온 여왕벌은 밀랍으로 만든 아름다운 육각형 모양의 방에 알을 낳아요. 여름 내내 여왕벌은 하루에 약 2500개의 알을 낳는답니다. 굉장히 바쁘죠!

여왕벌은 5년쯤 살아요. 일벌은 여왕벌이 죽으면 다음에 여왕이 될 벌을 골라서 '로열젤리'를 먹입니다. 일벌이 주는 이 놀라운 먹이가 평범한 새끼 꿀벌을 여왕으로 변화시켜요.

4
약 3일 뒤에 작은 알에서 조그마한 애벌레가 나옵니다.

8
다 자란 벌이 나오면 이제 벌집에서 같이 일할 준비를 해야죠!

5
일벌은 물컹물컹한 애벌레가 먹고 쑥쑥 자라도록 꽃가루와 꿀을 잔뜩 챙겨 줍니다.

바쁜 일벌은 보통 5~6주 정도 살지만, 수벌은 4주 정도 살 수 있어요.

7
번데기는 7일에서 14일에 걸쳐 계속 자라죠. 갑자기 우적우적 소리가 희미하게 들리네요. 다 자란 벌이 방을 나오려고 뚜껑처럼 덮인 밀랍을 먹어 치우고 있어요!

6
그다음, 애벌레들은 각자 아늑한 방에서 웅크린 채 제 몸을 둘러싸고 고치를 만들어요. 이 단계에서 애벌레는 번데기로 변하고, 날개와 다리, 눈과 그 밖의 기관과 조직이 어른벌레의 구조로 바뀌죠.

홍해파리

따뜻한 바다에서 아주 작은 해파리 떼가 활짝 핀 꽃처럼 물 위를 둥둥 떠다녀요.

'불사 해파리'로도 불리는, 홍해파리는 전 세계 바다에서 이상하게도 영원히 죽지 않고 살고 있어요. 아주 작고 투명한 홍해파리는 머리카락 같은 촉수와 새빨간 배를 갖고 있어요. 크기는 사람의 새끼손가락 손톱보다도 작죠. 그런데 홍해파리는 먹이가 부족하거나 주변 환경이 나빠지면 죽지 않고 시간을 되돌려요. 또 다른 이름처럼 죽지 않고, 노화 과정을 거꾸로 되돌려 어른에서 어린 해파리로 돌아가는 거죠. 더군다나 홍해파리는 이 과정을 계속해서 다시 또 겪으면서 영원히 살 수 있다대요! 정말 놀랍지 않나요?

1 홍해파리는 바다에 떠다니는 수정란으로 삶을 시작해요.

2 잠시 뒤, 알은 '플라눌라'라고 불리는 작은 유생이 되어 자유롭게 헤엄쳐요.

3 조금 더 시간이 흐른 뒤 헤엄치기에 지친 유생은 달라붙을 바위를 찾으려고 바다 밑바닥으로 쑥 내려가요.

그린란드 상어

얼음처럼 차가운 깊은 바닷속에서 거대한 고대 물고기가 아주 느릿느릿 물속을 헤엄쳐요.

그린란드 상어는 선사 시대부터 살았던 듯해요. 지구에서 가장 오래 사는 척추동물(등뼈동물)이에요. 그런데 그린란드 상어는 연구하기가 매우 어려워요. 성격이 잘 알려지지 않은 데다 서식지에 접근하기 어렵기 때문이죠. 과학자들은 그린란드 상어가 얼마나 오래 사는지 정확히 몰라요. 연구에 의하면 그린란드 상어가 적어도 275년을 산다고 하는데, 500살 넘게 살 수도 있대요!

1 이 암컷 그린란드 상어는 바다 깊숙이 뛰어들고 있어요. 이 신비한 동물은 북극과 북대서양 바다에 살고 있으며, 약 2200미터 깊이에서도 살 수 있어요.

5 암컷은 수컷 그린란드 상어를 찾아서 짝짓기해요. 수컷은 암컷의 몸 안에 있는 알을 수정시키죠.

나무와 마찬가지로 그린란드 상어는 클수록 나이가 더 많아요.

2 그린란드 상어는 최고 시속이 3킬로미터 정도로 아주 천천히 움직여요. 느리게 움직이는 탓에 '잠꾸러기 상어'라는 별명을 얻었죠. 사실 그린란드 상어는 서두르지 않는 속도 덕분에 살아남았어요. 커다란 심장이 12초에 한 번씩만 뛰다 보니 자연스럽게 에너지를 천천히 써서 몹시 차가운 물속에서도 견딜 수 있거든요.

인간

"놀라워라! 아름다운 사람들이 저리 많다니! 인간은 참으로 아름다워라! 오 멋진 신세계, 이런 사람들이 사는 곳." (윌리엄 셰익스피어의 《폭풍우》에 나오는 미란다의 말)

인간은 약 30만 년 동안 지구에 살고 있어요. 인간이 오래 존재한 것 같지만, 1억 6천5백만 년 동안 지구를 주름잡은 공룡에 비하면 눈 깜짝할 정도로 짧아요.

인간은 아름답고 다양해요. 생김새와 크기도 수없이 다르고 지구 곳곳에 살고 있어요. 북극부터 사막, 도시와 숲, 야생에 이르기까지 인간은 어디에서나 진화하고 적응하며 살아남았어요. 인간은 먹이 사슬에서 최상위에 있으며 서로 소통하고 탐험하고 새롭게 만드는 놀라운 방법을 발견했어요. 인간은 지구를 위해 좋은 일도 하지만 가장 많이 파괴하기도 하죠. 자신들이 다른 동식물과 균류(팡이무리)와 마찬가지로 단지 자연의 일부라는 사실을 종종 잊거든요.

1 여자의 난자와 남자의 정자가 만나면, 세포가 늘어나며 새로운 생명이 발달하죠.

2 임신 기간은 보통 40주 정도예요. 인간은 체온을 늘 일정하게 유지하는 정온 동물이자 포유류이며 대부분 아기를 하나둘 낳아요.

3 태어나자마자 곧바로 일어나서 걷는 새끼 라마나 말과 달리, 사람은 태어났을 때 혼자서 아무것도 하지 못해요.

7 청소년기는 흔히 '십 대'로 불리며, 몸과 마음의 변화와 발달이 가장 크게 일어나는 시기예요.

난 13살이라 몸에 많은 변화가 생길 거야.

8 청소년은 어른이 될 때까지 계속 배우고, 성장하고, 발달하죠.

내가 건강하고 튼튼하게 자라려면 잘 먹고, 잘 자고, 많이 안아 주고, 사랑을 듬뿍 받아야 해!

4

유아기(乳兒期)는 태어나서부터 한 살 때까지예요. 이 시기에 아기는 부모에게 모든 걸 의지해요. 아기는 태어나고 나서 처음 몇 달 동안 우유만 먹어요.

나는 주변 세상을 경험하며 정말 많이 배우고 있어!

5

한 살에서 다섯 살 사이의 아기는 유아(幼兒)라고 해요. 이 시기에 아기는 걷고, 스스로 먹고, 말하는 법을 배우죠.

6

어린이는 계속 배우고 자라며 발달하죠.

9

사람은 다 자라면 성장을 멈추지만, 결코 배움을 멈추지는 않아요. 어른이 되면 짝을 찾아서 자신만의 가정을 꾸릴 수도 있어요.

10

인간은 80세나 90세, 심지어 100세가 넘어서도 살 수 있어요.

참나무

언덕땅만큼이나 아주 오래되고 7대양을 항해한 가장 빠른 해적선을 만들 만큼 튼튼하죠.

참나무는 주변 야생 동물이 잘 살도록 보살펴 주면서 1천 년 이상 살 수 있어요. 북반구 어디에나 참나무가 있어요. 오래된 이 나무가 뭘 봤을지 한번 상상해 보세요!

이제 오래된 참나무는 가지를 축 아래로 늘어뜨립니다. 나뭇가지는 바닥을 가로질러 쭉 뻗어 땅에 얹어 놓아요. 참나무 가지는 아이들이 기어 올라가서 숲을 바라볼 정도로 높이가 낮아요. 참나무는 여행객이 비를 피할 수 있을 만큼 꽤 넓기도 하죠.

1 도토리가 나무에서 툭 떨어져 여기저기 멀리 흩어져요.

2 도토리는 배고픈 다람쥐가 가장 좋아하는 먹이죠.

나는 겨울에 배고플 때 먹으려고 도토리를 땅속에 차곡차곡 묻어 숨겨둬.

3 봄이 오면 다람쥐가 어디에 묻었는지 잊어버린 도토리에서 싹이 트고 어린나무로 자란답니다.

햇빛과 비를 맞아서 크게 자라고 있어!

4 20년 뒤, 어린 참나무는 도토리가 달리기 시작해요.

5 참나무는 계절이 오고 가도 계속 자라고, 수백 년 지나서야…

이제 나는 땅으로 돌아갈 때가 됐어.

가장 큰 참나무도 작은 도토리에서 시작했어요.

6 죽어가는 참나무는 영양분을 땅으로 보냅니다. 사슴벌레 애벌레가 점점 늘어나고 균류도 썩은 나무에서 영양분을 많이 얻어요.

7 그렇지만 엄마 나무의 훌륭한 참뜻은 오랜 세월에 걸쳐 도토리에서 자라난 어린나무에 모두 전해져 살아 숨 쉬고 있어요.

밀

트랙터가 새로운 농작물 씨앗을 심으려고 덜거덩거리며 진흙밭을 갈고 있어요.

밀은 정말 대단한 식물이에요! 세계에서 가장 오래된 곡물 가운데 하나거든요. 고대 그리스와 로마 사람들은 밀을 재배했어요. 9천 년 전에 고대 이집트 사람들은 이집트 왕 파라오가 죽으면 밀(고대 품종)을 함께 묻었어요. 나중에 파라오가 다시 태어나면 밀을 먹게 하려고요.

밀은 속이 텅 빈 줄기에 길고 가느다란 잎이 달린 풀이에요. 전 세계 밀의 대부분은 '온대' 지방에서 자라고 있어요. 지나치게 춥거나 덥지 않고 날씨가 따뜻하며 비가 적당히 내리되 너무 많이 내리지 않는 지역에서 자라죠. 밀이 작은 낟알에서 황금빛 곡식으로 자라는 데는 90일 정도 걸려요.

늦가을

1

아침이 밝아요. 기름지고 물이 잘 빠지는 흙이네요. 밀이 자라기에 딱 좋아요! 밀의 씨앗을 적당한 깊이에 묻고 곧바로 흙을 덮어 줘요. 씨앗이 싹트면 작은 잎과 뿌리가 쑥 나오죠.

겨울

2

겨울에는 싹이 천천히 자랍니다. 이 단계에서 밀은 이리저리 흔들리는 푸른 풀밭처럼 보여요.

봄

3

이제 어린 식물은 빠른 속도로 자라요.

우리가 크고 튼튼하게 자라려면 충분한 햇볕과 따뜻한 온도, 물이 많이 필요해!

4

줄기가 길쭉하게 쭉쭉 자라고요. 그 꼭대기에서는 밀 이삭이 자라기 시작하죠.

스쿼팅 오이

**먹지 못하는 청록색 스쿼팅 오이가 바람을 넣은 자전거 타이어처럼 빵빵해요.
오이는 팡 터지면서 공중에 씨앗을 확 퍼트리죠.**

씨앗은 다양한 방법으로 퍼집니다. 어떤 씨앗은 과일과 열매에 숨어 있다가 새와 포유류가 먹고 싼 똥으로 흙에 퍼지기도 하고요. 어떤 씨앗은 바람을 타고 멀리 날아가기도 해요. 또 어떤 씨앗은 강물을 따라 둥둥 떠다니다가 자라기 좋은 곳에 자리 잡죠. 풀을 뜯어 먹는 동물의 털에 달라붙어 새로운 풀밭으로 이동하는 씨앗도 있어요. 어떤 씨앗은 빙빙 돌다가 떨어지거나 그냥 땅에 툭 떨어져서 자라기도 하죠.

하지만 어떤 씨앗도 스쿼팅 오이만큼 독특한 방법으로 씨앗을 퍼트리지는 않아요. '폭발 오이'로도 불리는 이 오이는 오로지 쌓아놓은 압력의 힘으로 씨앗을 발사해서 3~6미터쯤 되는 거리로 날려 보내죠. 그런데 왜 식물은 가능한 한 멀리 씨앗을 퍼뜨려야 할까요? 씨앗이 부모와 너무 가까운 곳에 떨어지면 영양분과 물, 햇빛을 두고 서로 경쟁할 거예요. 그러므로 씨앗은 멀리 날아가서 새로운 터전을 찾아 자기 가정을 꾸려야만 하죠.

1 여기는 강 옆이라서 딱 좋아요.

2 스쿼팅 오이는 충분한 물을 공급받으며 햇볕을 쬐어요. 햇빛을 빨아들여 잘 자라고 있죠. 크고 털이 많은 삼각형 모양의 잎을 쫙 펼치고 있거든요.

민들레

푸른 들판에 노란 꽃과 둥근 갓털 뭉치가 뒤섞인 민들레가 생기 있게 활짝 피어 있어요.

민들레는 우리 주위에서 아주 흔하게 볼 수 있는 식물이에요. 민들레는 작지만 아주 강해요. 세계 여기저기에 피는 반가운 노란 꽃은 살아남기가 쉽지 않았을 거예요. 꽃밭에서는 꽃가루를 옮겨 주는 곤충의 관심을 끌려고 많은 꽃이 경쟁하고 있거든요. 그런데 작은 민들레가 여기서 어떻게 눈에 띄었을까요?
민들레는 씨앗을 널리 퍼뜨려야만 해요. 그래야 자라서 곳곳에 꽃을 피우니까요. 민들레는 도로의 갈라진 틈에서부터 드넓은 들판과 풀밭에 이르기까지 어디든지 튼튼한 뿌리로 사계절을 굳게 버티며 자란답니다. 흔히 정원사는 귀찮은 잡초라며 민들레를 싫어하기도 하지만, 잡초는 '엉뚱한 곳에 난 식물'일 뿐이에요.

1
갓털 달린 민들레 씨앗 뭉치는 작은 지구본처럼 생겼어요. 민들레는 세상을 온통 민들레로 만들겠다고 다짐하며 날아갈 준비를 하죠.

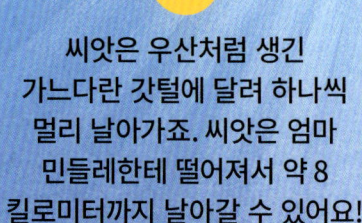

2
여린 씨앗은 바람이 훅 불면 떨어져 나가요. 씨앗은 공중에서 춤추는 요정처럼 가볍게 날아오르며 흩어져요.

3
씨앗은 우산처럼 생긴 가느다란 갓털에 달려 하나씩 멀리 날아가죠. 씨앗은 엄마 민들레한테 떨어져서 약 8킬로미터까지 날아갈 수 있어요!

4
작은 씨앗이 들판에 툭 떨어졌네요. 이 씨앗은 흙으로 쏙 들어가 싹이 나고 뿌리를 깊이 내리면 위로 쑥쑥 커요.

5
어린 민들레는 작고 연약해 보이지만, 원뿌리가 튼튼해서 굳게 잘 버텨요.

비가 와야 잘 자라지만 건조한 땅에서도 살아남을 수 있어. 왜냐하면 난 야생 민들레니까!

6
민들레는 8~15주가 지나면 다 자랍니다. 큰 초록 잎은 뿌리에서 나와 옆으로 퍼지는데, 약 25센티미터까지 길쭉해져요.

7
민들레 한가운데에서 꽃줄기가 나와 길고 곧게 자라며 꽃봉오리가 생겨요.

8
꽃봉오리가 따스한 햇볕을 향해 활짝 피어나요.

9
주변에 더 많은 민들레가 화사하게 피어나 푸른 들판에 노란 꽃이 가득해요. 하늘하늘한 풀과 들꽃 사이에서 민들레가 활짝 웃고 있어요.

10
그 뒤로 며칠 동안 벌과 나비와 같은 곤충들이 민들레를 찾아와 꽃가루받이를 도와주죠.

민들레는 잇따라 여러 해를 사는 '여러해살이풀'이랍니다. 어떤 민들레는 매년 2천 개의 씨앗을 퍼트리며 최대 13년을 살 수 있대요.

11
어느 날 밤에 꽃이 시들고 마지막으로 꽃잎을 꼭 닫아요. 그런데 여기서 끝나지 않아요. 닫힌 꽃 안에서는 새로 태어날 민들레 씨앗이 자라고 있거든요.

12
며칠 뒤, 하얀 솜털 꽃이 피어요. 보송보송 갓털 달린 씨앗이 바람을 타고 날아갈 준비를 하거든요. 민들레는 일 년에 12번까지 더 많은 꽃을 피우고, 더 많은 씨앗을 퍼트릴 거예요. 여기에 있으면서요.

꽃잎이 시들고 씨가 익어 갓털이 나오면, 뿌리는 땅속 깊숙이 뻗어 나가 우리를 튼튼하게 지켜 주지.

코코야자

머나먼 바다 한가운데 황금빛 모래가 펼쳐진 섬에는 깃털 모양 잎이 달린 커다란 나무들이 기다란 줄기를 해변으로 향한 채 잔뜩 모여 있어요.

코코넛 나무는 60~80년 정도 살아요. 열매를 맺기까지는 6~10년이 걸리며 천천히 자라죠. 코코야자의 열매인 코코넛은 견과류가 아니라 과일이에요. 코코넛은 자두, 체리, 복숭아처럼 하나의 단단한 핵이 씨앗을 감싸고 있는 '핵과'이죠.

1
쿵, 쿵, 퍽!
반질반질한 열매 세 개가 바닷가에 쿵 떨어졌어요.

"우린 이제 너무 무거워서 엄마 나무에서 뚝 떨어졌어…."

2
열매가 자라는 데는 거의 1년이 걸렸어요.

3
파도가 밀려와서 조개껍데기와 부스러기를 남겨놓았어요. 물러날 때는 파도가 코코넛 열매를 함께 가져갔어요.

"…난 바다로 떠난다!"

"나는 먼바다에서 집으로 삼을만한 바닷가를 찾고 있어."

4
코코넛은 단단하고 무거워요. 그런데 어떻게 물에 둥둥 뜰까요? 코코넛도 바다를 떠다니는 배처럼 부력(뜰힘) 덕분에 흔들흔들 물결을 떠다닙니다.

5
코코넛 바깥쪽 겉껍질은 두꺼워서 물이 새지 않아요. 그래서 바다에서 3개월 넘도록 씨앗의 내용물을 잘 지켜 주죠.

6
배아는 수분이 많은 코코넛 알맹이와 달콤한 코코넛 워터 사이에서 자고 있어요. 씨앗은 여행 중에 이런 영양분을 먹으며 지내요.

코코넛 알맹이
코코넛 워터
겉껍질
배아

해바라기

완만한 산비탈에 잔뜩 핀 노란 해바라기가 따사로운 햇볕을 쬐고 있어요.

황금빛 해바라기 들판은 파란 하늘과 어우러져 눈부시게 빛납니다. 황금빛 꽃잎은 햇살처럼 얼굴을 빙 두르며 감싸고 있어요. 꽃은 저마다 조그만 태양처럼 생겼죠. 얼굴은 각각 작은 꽃 수천 송이로 이뤄졌고요! 국화과에 속하는 해바라기는 전 세계의 들판, 풀밭, 목장, 빈터에서 자라고 있어요. 해바라기는 유럽에서 중국, 남미와 미국, 중남미에서부터 러시아와 우크라이나에 이르는 여러 지역에서 활짝 피어나요. 노랑과 구릿빛, 주황에서부터 짙은 붉은색과 흰색에 이르기까지 온갖 색이 넘쳐나죠. 해바라기는 기뻐서 어쩔 줄 몰라 하며 환한 얼굴을 내비쳐요. 해바라기가 희망의 상징이라고 할 만하지 않나요?

우리 중 가장 큰 애는 키가 9미터가 넘어!

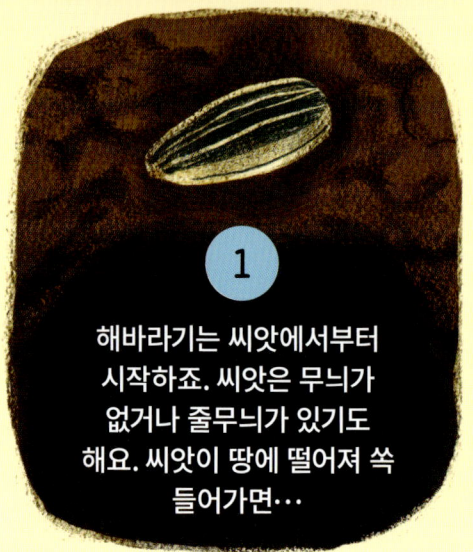

1 해바라기는 씨앗에서부터 시작하죠. 씨앗은 무늬가 없거나 줄무늬가 있기도 해요. 씨앗이 땅에 떨어져 쏙 들어가면…

2 거기서 싹이 트고 어린 식물로 자라요.

3 어린 식물은 두껍고 튼튼한 줄기를 뽐내며 쭉쭉 길게 자랍니다. 싹이 나오고 어린 꽃은 동틀 무렵부터 해 질 녘까지 하늘에 뜬 해를 줄곧 쫓아다녀요. 그러다가 원래 자리로 돌아오죠. 이런 행동을 '굴광성'이라고 해요.

난 얼굴에 따뜻한 햇볕을 받으려고 해를 따라다니지!

4 다 자란 해바라기는 환한 얼굴을 동쪽으로 딱 고정해요. 왜 동쪽일까요? 동쪽은 대부분의 꽃가루받이 매개자가 가장 많이 모이는 방향이기 때문이에요.

5
이제 벌과 나비 등 수분을 돕는 곤충들이 해바라기를 찾아와요. 그런데 아무도 오지 않으면, 해바라기는 '제꽃가루받이'를 할 수 있어요. 그러면 엄마와 똑 닮은 해바라기가 나온답니다.

6
수분이 이루어지면 해바라기는 꽃잎 모양이 변하고 색이 짙어져요. 기름이 많고 맛있는 해바라기 씨앗이 만들어지기 시작하면서 햇빛에 점점 익어가죠.

우리는 매일 8시간씩 햇볕 쬐는 걸 좋아해!

7
해바라기는 꽃대 끝에 수백 개의 작은 꽃이 뭉쳐 붙어서 머리 모양을 이루는데, 이는 씨앗으로 변해요. 어떤 해바라기는 새로 태어나길 기다리는 씨앗을 2천 개나 갖고 있기도 하죠!

8
그런데 모든 씨앗이 해바라기로 변하진 않아요. 배고픈 새가 옆에 핀 꽃으로 날아가기 전에 와서 쪼아 먹기도 하거든요.

9
다행히 몇몇 씨앗은 새의 부리를 잘 피했어요. 꽃이 시들면서 무거워지자, 남은 씨앗이 땅에 뚝 떨어져요.

고개가 처지고 얼굴이 땅으로 향하지.

10
아직도 위험해요. 여기에도 포식자가 있거든요! 생쥐가 쪼르르 나와 맛있는 씨앗을 주워 우적우적 씹어 먹어요.

11
그래도 운 좋게 들키지 않은 씨앗은 땅으로 쏙 들어가서 해바라기로 태어난답니다. 해바라기 이야기는 이렇게 처음부터 다시 시작하죠.

사과

느긋한 가을 햇살 아래에서 빨갛게 익은 사과가 나무에 주렁주렁 매달려 있어요.

전 세계에는 7천 종 이상의 다양한 사과가 자라고 있어요. 푸른색 그라니스미스에서부터 불그스름한 핑크 펄에 이르기까지, 사과는 과일 중에서 가장 널리 재배하고 품종이 다양한 과일입니다.

사과가 야생에서 계속 자라려면 떨어진 사과를 동물이 발견해서 먹어야 해요. 사과가 땅에 떨어지려면 중력이 필요하죠. 그렇게 떨어진 사과는 지나가는 동물이 군침을 흘릴 정도로 맛있는 간식이랍니다.

인간은 사과 과육만 먹지만, 동물은 그렇게 까다롭지 않아요. 동물은 과일을 통째로 먹기 때문에 사과가 번식하는 데 가장 중요한 씨를 꿀꺽 삼키죠.

1 작은 산토끼가 맛있는 사과를 먹은 뒤에 볼일을 보고서…

2 땅바닥에 똥을 남겨놓고선 깡충깡충 뛰어 숲속으로 사라졌어요.

3 똥 속에는 작은 사과 씨앗이 그대로 들어 있어요. 씨앗이 부드럽고 기름진 땅속으로 쏙 들어간 뒤에는 아주 굉장한 일이 벌어지죠.

열심히 쑥쑥 자라자!

4 씨앗은 영양이 풍부한 흙에서 6주쯤 지나면 싹이 터요. 싹이 나면서 땅속으로 뿌리를 내리고, 잎은 햇빛을 보려고 땅 위로 솟아나요.

5 태양 에너지와 흙에 든 영양분 덕분에 작고 어린 식물은 서서히 어린나무로 자랍니다.

6 몇 년이 흐르면 어린나무는 가지를 점점 더 쭉 뻗으며 계속 자라죠. 매년 가을이면 잎을 다 떨구고 겨울에는 앙상한 가지만 남긴 채 쉬어요.

7

어린나무가 5~7년쯤 된 어느 봄에 굉장히 놀라운 일이 벌어지죠. 어린나무에서 꽃이 활짝 피었어요. 윙윙거리며 바쁘게 날아다니는 벌이 달콤한 꽃향기에 끌려 사과나무를 찾아와요.

8

꿀벌은 달콤한 꿀을 찾아다니고 꽃가루를 모아요. 노란 꽃가루가 털로 덮인 꿀벌의 다리와 몸에 탁 붙어요.

9

꿀벌이 다른 나무 사이를 이리저리 날아다니면서 한쪽 나무의 꽃가루를 다른 나무의 꽃에 조금씩 옮겨 줘요. 이 과정을 '딴꽃가루받이'라고 해요. 그러면 사과나무에 꽃이 활짝 피죠.

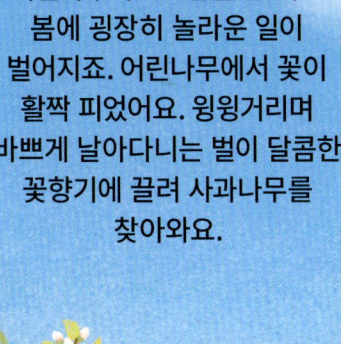

윙윙! 향기가 정말 좋아.

꿀벌아, 고마워! 네가 꽃가루받이를 도와주지 않았다면 열매가 열리지 않았을 거야.

10

꽃은 수정되면 옅은 꽃잎을 떨구고 여름 내내 사과로 자라죠.

11

사과가 다 익으면 나무에서 뚝 떨어져요. 그때 배고픈 동물이 냉큼 와서 꿀꺽 삼키죠. 그렇게 사과의 한살이는 다시 시작돼요!

버섯

향긋한 내음이 가득한 가을 숲속에 무언가가 땅에 자리를 잡고 있어요.

바로 버섯이에요! 숲속에는 울긋불긋한 단풍으로 물든 낙엽이 쫙 깔려 있어요. 그 속에서 억센 풀더미에 숨은 버섯이 보들보들한 이끼를 뚫고 더 많이 자라고 있어요!

이 버섯은 그물버섯이에요. 그물버섯은 비가 내린 뒤 하룻밤 사이에 쑥 자라죠. 아침이 되면 초콜릿 색깔의 작고 부드러운 갓을 쓴 그물버섯이 반짝거리며 싱싱한 모습을 드러내죠. 이 놀라운 균류는 유럽과 아시아 북쪽, 북미 지역에서 자랍니다.

영국에서는 갈색의 갓 모양이 빵과 비슷하다고 해서 '페니 번'으로 알려져 있어요. 프랑스에서는 '나무의 밑동'을 뜻하는 '세프(cépe)'라고 부르고요. 이탈리아에서는 '작은 돼지'라는 뜻 '포르치니'라고 하죠. 많은 요리사는 풍부한 맛과 흙냄새, 단단한 살을 지닌 이 굉장한 그물버섯이 식용 버섯의 왕이라고 주장합니다.

물론 이런 장점은 오로지 균류의 홀씨(포자)를 만들기 위한 영양체인 '자실체' 부분만 말한 거예요. 왜냐하면 균류는 대부분의 마법이 땅 밑에서 일어나거든요.

1 모든 버섯은 티끌처럼 아주 작은 홀씨에서 일생을 시작해요. 그물버섯은 다 자라면 자실체에서 수백만 개의 홀씨를 방출하죠. 거의 눈에 보이지 않는 홀씨가 스펀지 같은 관공에서 나오는 거예요. 그물버섯은 다른 버섯들과는 달리 주름살 대신 관공을 갖고 있어요.

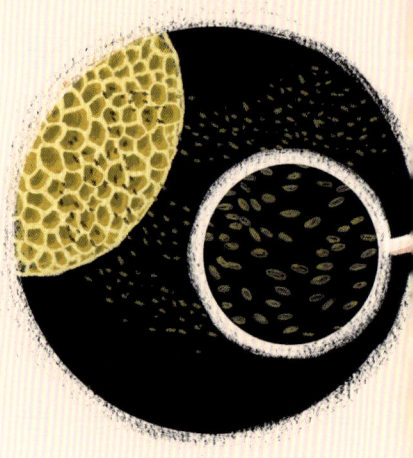

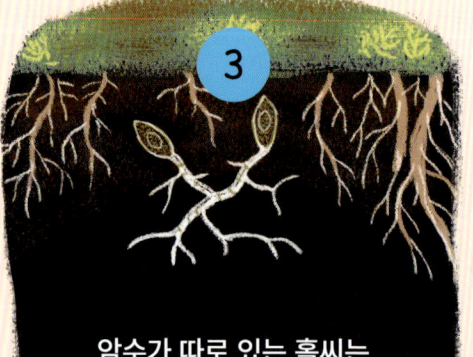

3 암수가 따로 있는 홀씨는 기름진 땅에 떨어지면 물을 빨아들여 싹이 터요.

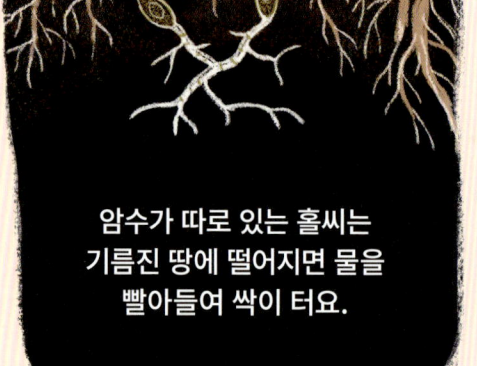

4 싹이 튼 홀씨는 실 모양의 '균사'가 돼요. 암수가 서로 만나면서 균사는 왕성하게 자라고, 여럿이 합쳐져 촘촘한 레이스 같은 '균사체'가 되죠.

6 이런 매듭은 땅을 뚫고 나와 작고 맛있는 버섯으로 쑥 올라와요!

8 홀씨는 바람을 살랑살랑 타고 날아가서 더 맛있는 버섯으로 자란답니다.

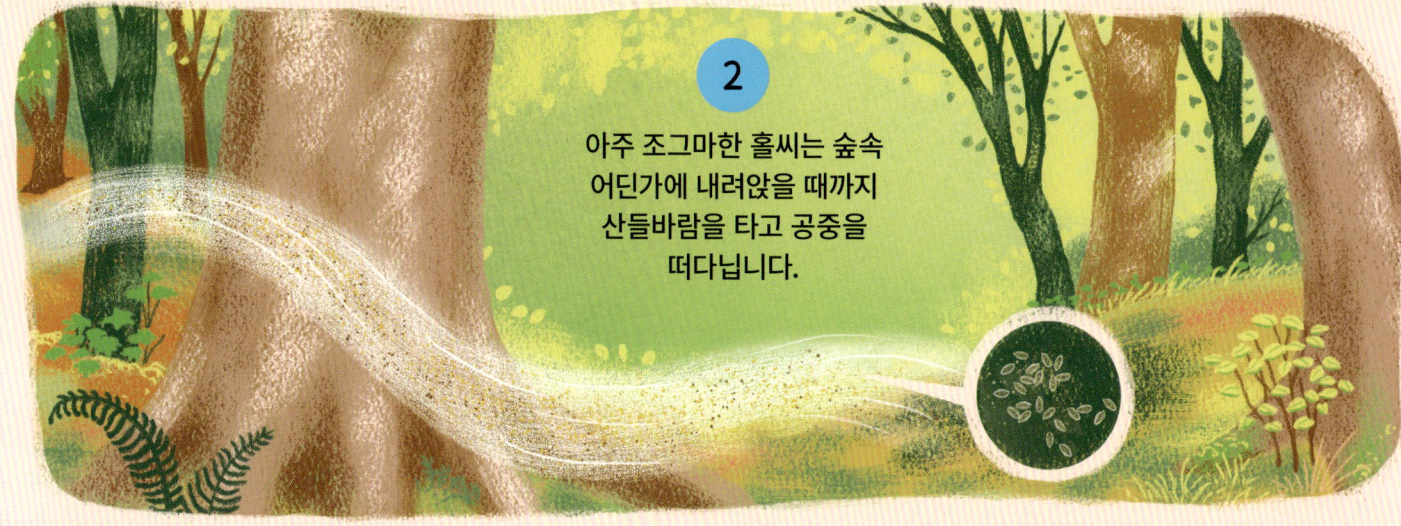

2
아주 조그마한 홀씨는 숲속 어딘가에 내려앉을 때까지 산들바람을 타고 공중을 떠다닙니다.

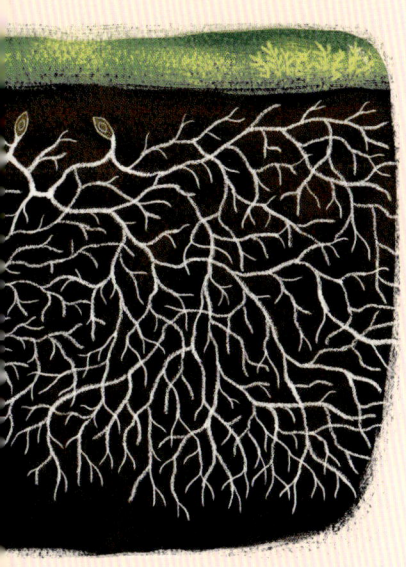

5
이 균사체는 자라면서 흙 속에 넓게 퍼져요. 균사는 서로 엉겨 붙으면서 매듭이 생기죠.

자실체가 생기는 균류는 종류가 30만 종이 훨씬 넘어요. 어떤 균류는 먹을 수 있고, 어떤 균류는 먹을 수 없어요. 실제로 몇몇 버섯은 독이 아주 강하니까 숲이나 들판에서 버섯을 따지 마세요. 여러분이 버섯을 연구하는 '균류학자'와 함께 있지 않다면 말이에요!

7
어린 버섯은 점점 자라 어른 버섯이 되고, 스스로 홀씨를 내보내죠.

균류는 진짜 굉장해요! 식물도 동물도 아니지만, 독자적 생명 형태로 분류되어 있어요.

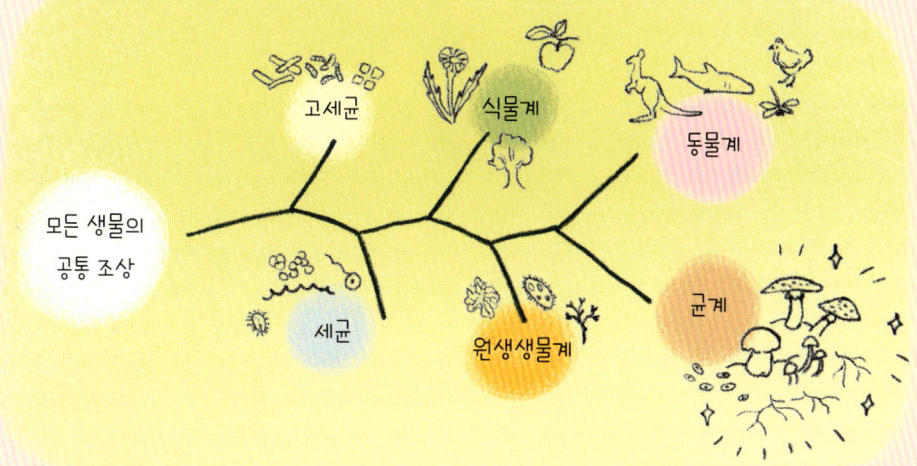

세쿼이아

나무의 왕! 거대한 세쿼이아 밑에 서서 위를 쭉, 쭉 올려다보면… 높다란 푸른 하늘 속으로 나뭇가지가 사라져서 잘 보이지 않아요. 세쿼이아가 엄청나게 크니까 어쩌면 나무 끝이 별에 닿지 않을까?

길이는 머리부터 꼬리까지 포함한 대왕고래 세 마리만큼이나 크고, 무게는 코끼리 400마리만큼이나 무거워요. 이렇게 엄청나게 큰 세쿼이아는 '나무의 왕'으로 어떤 비밀을 속속 지녔을까요? 이 나무가 품고 있는 이야기를 한번 상상해 보세요.

한때는 벌목꾼이 나무를 다 베어 버리는 바람에 이 커다란 나무가 멸종할 뻔했대요. 이제 세쿼이아는 미국, 캐나다, 오스트레일리아, 뉴질랜드, 영국, 프랑스 등에서 보호받으며 자라고 있어요. 거인 특히 이 나무는 산악 지대를 좋아하고 물을 많이 마셔야 해요.

1 빛의 신 히페리온의 이름을 딴 600년 된 어린 세쿼이아가 있어요.

2 히페리온은 세계에서 가장 키가 큰 나무예요. 크기가 최대 115미터로 하늘 높이 쭉 뻗어 있어요.

3 히페리온도 다른 세쿼이아처럼 커다란 나무 밑동 아래 숲 바닥을 깨끗이 치우려면 불이 필요해요.

"난 불이 필요해! 붙이 않으면 씨를 뿌리지 못해."

4 붉은 초록 잎으로 뒤덮인 숲에서 세쿼이아 나무 주위를 태워요. 마른 잎과 부스러기를 불로 태우서 바닥을 싹 치우면 씨앗이 떨어질 만한 기름진 땅이 만들어지죠. 불이 나면 수풀이 우거진 숲에서 다른 나무와 경쟁하지 않아도 더 많은 물을 뿌리가 얻을 수 있어요.

6 세쿼이아의 씨앗은 새까맣게 탄 흙으로 깊숙이 들어가요.

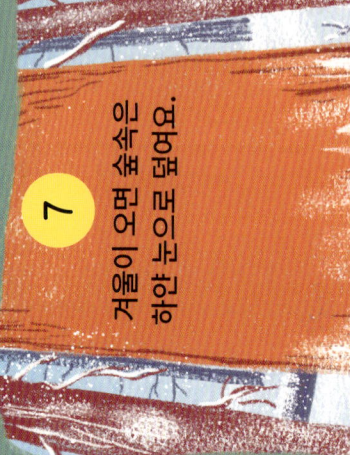

7 겨울이 오면 숲속은 하얀 눈으로 덮여요.

5 원뿔형 열매인 솔방울이 살짝 벌어지면서 새로운 삶을 시작할 씨앗이 숲속 바닥에 우수수 떨어지죠.

"나무껍질에도 늘 물이 있어, 불이 나더라도 내 몸은 다치지 않고 열매만 딱딱해지지."

8 봄이 되면 따사로운 햇볕이 눈을 사르르 녹이면서 땅이 따뜻해지고 축축해지죠.

9 이제 싹이 돋아납니다.

나도 작고 어린 나무로 시작해서 물, 비와 눈을 겪으면서 튼튼하게 자랐어.

거대한 몸통이 숲속 바닥에 누워서 천년을 내 주위에서 자랄 어린나무가 기다리면 될 거야.

그렇게 세쿼이아의 한살이는 계속되죠.

10 새싹은 햇빛을 향해 위로 뻗고요.

11 뿌리는 물을 찾아 땅속 깊이 뻗어요.

12 지금부터 수천 년 뒤 히페리온이 3천 살이 되면 나무 중에서 가장 큰 제왕 나무가 될 거예요. 그러면 엄청나게 무거운 무게 때문에 쿵 쓰러지고 말겠죠.

숲과 우드 와이드 웹

숲은 성장하고 움직이며 살아 있어요. 살아 있는 숲에서는 모든 것이 연결되어 있죠.

숲속으로 들어서면 공기가 서늘하고 축축해요. 맛있는 버섯에서 달콤한 흙냄새가 풍기네요. 나무의 튼튼한 줄기가 태양을 향해 하늘로 가지를 들어 올리고, 나뭇가지는 커다란 초록 덮개처럼 넓게 펼쳐져 있고요.

잎이 무성한 나뭇가지 사이로 스며든 햇빛이 숲 바닥에 춤추듯이 이리저리 움직이는 모양을 만드네요. 보세요! 버섯이 이끼에 자리 잡고 있어요. 딱정벌레가 급한 볼일이 있는지 부리나케 지나가요. 딱정벌레가 지나간 자리 밑에서 소곤소곤 들썩거리는 소리가 들려요. 숲은 땅 밑에서 귓속말로 소문을 전하죠. 나무가 서로의 이야기를 몰래 엿듣고 있거든요.

우드 와이드 웹(Wood Wide Web, 땅속 식물 뿌리와 균류의 연결망)에 오신 걸 환영합니다!

1 나무는 흙을 통해 보이지 않는 크고 넓은 사회 연결망에 뿌리를 뻗고 있어요.

우리 나무들도 사람들처럼 정보를 교환해. 수 킬로미터에 걸친 네트워크를 통해 땅속에서 연락을 주고받고 있어. 지식과 조언, 진짜 속사정도 나누면서 말이야!

2 땅속에는 나무뿌리만 있는 게 아니에요. 균근균*은 나무뿌리를 에워싸면서 그 범위를 넓혀요. 균근균은 서로가 잘 자라도록 돕기 때문에 나무와 식물과의 관계가 아주 특별해요.
(*균근균 - 숙주 식물과 함께 균뿌리를 만들며 공생하는 사상균의 하나.)

3 균류는 나무에 여분의 수분과 영양분을 주고, 그 대신에 나무는 균류가 만들지 못하는 당분을 줘요.

4 나무뿌리와 균류는 밀접하게 얽혀 있어 어디가 처음이고 어디가 끝인지 알기 어려워요. 이들은 그렇게 5억 년 동안 살아왔어요.

연꽃

따뜻한 진흙투성이 강바닥에서 가장 사랑스러운 꽃이 자라기 시작해요.

사랑스러운 연꽃은 전 세계에서 자라지만, 인도가 원산지예요. 이 아름다운 꽃은 오래전부터 있었어요. 연꽃은 약 1억 4천5백만 년 전에 처음 피었어요. 지구가 얼음으로 뒤덮였던 마지막 빙하기에서도 살아남았죠.

연꽃은 놀라운 한살이, 생존 기술, 우아함으로 여러 상징적 의미를 지니게 되었어요. 많은 동양 문화에서는 사람들이 순수와 환생을 나타내는 연꽃에 강한 회복력이 있다고 믿어요. 어떤 사람들은 건강과 부를 위해 연꽃을 먹어요. 이집트 문화에서는 연꽃이 우주의 상징이에요. 힌두교 예술 작품에서는 신과 여신이 연꽃 왕좌에 앉아 있어요. 부처님의 발판에도 연꽃이 피어 있죠.

1 천천히 흐르는 뿌연 강에서 조그만 연꽃 씨앗이 물속으로 서서히 가라앉고 있어요.

2 씨앗에서 뿌리가 나오고 새싹이 돋아나 물 위로 꾸물꾸물 나아가요.

3 여러 개의 새싹이 잎으로 자라지만, 꽃봉오리는 잎이 없는 줄기 끝에 달려 물 밖으로 우뚝 솟아올라요.

4 어느 날 아침, 꽃봉오리가 윤기가 흐르는 고운 꽃잎을 활짝 펼쳐요. 아름다운 꽃이 온종일 햇볕을 받아요!

물속에 있는 수중 생물들이 내 뿌리를 갉아 먹고, 물고기는 내가 만든 그늘에서 쉬고 있어.

5 밤이 되자 연꽃이 오므라들면서 하나씩 진흙 속으로 살그머니 돌아가 잠들어요. 어떤 사람은 물이 더러울수록 더 아름다운 연꽃이 핀다고 해요!

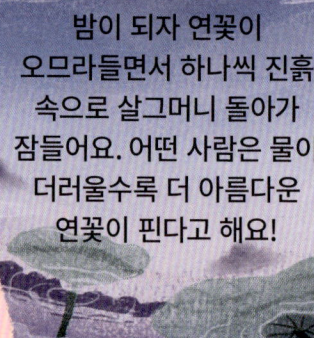

6

이틀 더 연꽃은 물에 뜨고, 피고, 지고, 가라앉으며 딱 3일 동안 꽃을 활짝 피워요. 이때 3일 내내 연꽃은 더러운 진흙을 열심히 걸러서 흙탕물을 깨끗이 만들죠.

7

3일이 지나자, 연꽃은 견과처럼 단단한 열매로 변해요. 깔때기처럼 생긴 연방의 편평한 윗면 구멍 안에 딴딴한 구슬 모양 씨앗이 여러 개 파묻혀 있어요.

8

연방은 익어가면서 고개 숙여 소중한 씨앗을 강에 둥둥 띄워 보내죠.

땅콩처럼 조그만 내 씨앗은 돌처럼 단단하고 물기가 없어. 연꽃 씨앗은 2천 년이 넘도록 잠든 채 살아남을 수 있지. 그러다 자라기에 적당한 조건이 되면 뿌리를 내리고 꽃을 활짝 피우거든. 고대 이집트 시대부터 지금까지 잠들었던 씨앗이라도 여전히 자라서 꽃을 피울 수 있다는 말이야!

9

강바닥에 가라앉은 씨앗은 자라서 연꽃으로 새로 태어납니다.

바오바브나무

거꾸로 심은 듯 보이는 아주 오래된 나무는 하늘로 향하는 게 뿌리일까요? 아니면 나뭇가지일까요? 이 어마어마하게 큰 나무는 바로 '생명의 나무' 바오바브랍니다.

바오바브나무는 9종이 있어요. 아프리카 본토에 2종이 있고, 마다가스카르에 6종, 오스트레일리아에 나머지 하나가 있죠. 모두 1천 년 이상 살아요. 아프리카 바오바브나무는 비가 오지 않아도 10년이나 살 수 있어요. 넓은 줄기가 약 83280리터의 물을 담을 만큼 빵빵하게 부풀거든요. 엄청나게 큰 코끼리가 물이 부족한 가뭄과 건기에 나무껍질을 마구 뜯어 먹어도 바오바브나무의 껍질은 다시 자라죠.

'생명의 나무'란 이름은 바오바브나무가 아주 오랜 시간을 살아왔을 뿐만 아니라 주변 모두에게 아낌없이 나눠 주며 생명을 불어넣어 줬기에 생긴 이름이에요. 땅코뿔새, 원숭이올빼미, 칼새는 멋진 바오바브나무 구석구석에서 편히 쉬죠. 바오바브는 곤충, 박쥐, 파충류 등 여러 동물에게 아늑한 보금자리를 마련해 준답니다.

개코원숭이와 혹멧돼지는 내 씨앗을 먹고, 산까치 무리는 내 가지에다 둥지를 짓지.

1

이것은 바오바브나무 열매예요. 크기가 코코넛만 해요. 부드러운 껍질 안쪽에는 메마른 과육이 단단한 검은 씨앗을 쿠션처럼 잘 보호하고 있어요.

음, 내 과육으로 맛있는 음료를 만들 수 있지. 레모네이드 맛이 나거든!

2

어린나무는 나이 든 나무와 전혀 다르게 생겼어요. 한 15~20년이 지나야 열매가 열려요.

나는 일 년 중 아홉 달 동안이나 나뭇잎 하나도 없어.

3

10월부터 12월까지의 우기에는 화려한 흰색 꽃이 고개를 숙인 채 피어나죠.

나는 밤에 꽃을 피워. 과일박쥐와 갈라고가 꽃가루받이를 도와줘.

4

아름다운 꽃은 겨우 24시간밖에 피지 못해요. 그다음엔 갈색으로 변해서 썩은 고기처럼 아주 지독한 냄새를 풍기죠.

원주민들은 마법의 정령이 내 꽃에 산다고 믿어. 씨앗으로 만든 음료수를 마시면 악어가 널 해치지 못하게 지켜 줄 거야. 그렇지만 조심해! 내 꽃을 따다가 사자에게 확 잡아먹힐지도 몰라!

5

바오바브나무는 다른 나무와 달리 나이테가 없어서 나이를 '읽기'가 어려워요. 그런데 과학자들은 남아프리카에 있는 바오바브나무가 6천 살이나 됐다고 생각해요!

6

선사 시대부터 살아왔을 법한 이 나무는 웬만해선 잘 죽지 않아요. 바오바브나무는 언제 죽을지를 스스로 정해요.

7

그 뒤 오랫동안 살아온 거대한 나무는 안에서부터 썩어가죠.

8

바람에 휩쓸려 쓰러진 나무는 흙먼지와 뒤섞여서 다시 땅으로 돌아갑니다.

난 섬유 조직만 잔뜩 남겨놓은 채 가루가 되어 서서히 사라져.

파리지옥

늪지대의 축축한 땅에서 삐죽삐죽한 식물이 공격할 때를 기다려요.

식물은 대부분 햇빛을 먹고 살아가죠. 식물은 '광합성'이라는 과정을 통해 햇빛을 에너지로 바꾸고 뿌리를 통해 흙에서 다른 필요한 영양분을 얻어요. 그런데 어떤 특이한 식물은 고기를 더 원하죠. 미국 노스캐롤라이나와 사우스캐롤라이나가 원산지인 파리지옥은 곤충을 잡아먹는 식충 식물이에요. 파리지옥은 어떻게 곤충을 잡아먹을까요?

그건 전기 신호 덕분이야. 조개 닮은 내 잎에서는 달콤한 향기가 나는 꿀을 내보내. 그 향기가 파리와 날아다니는 다른 벌레들을 내 가운데 붉은 곳으로 끌어들여. 가끔 작은 개구리가 폴짝폴짝 뛰어 들어오기도 해. 음, 맛있다!

1

파리지옥은 태어난 해에 조그만 검은 씨앗에서 싹이 나서 작은 식물로 자라죠. 크기가 2.5센티미터도 채 안 돼요. 하지만 작아도 파리지옥은 여전히 땅에 기어다니는 벌레를 잡을 수 있어요.

내 덫에는 '감각모'로 불리는 3~5개의 작은 털이 있어. 털이 자극받으면 재빠르게 잎을 탁! 닫아 버리지. 그런 다음 특별한 화학 물질을 분비해 먹잇감을 싹 녹여. 다 소화하려면 열흘쯤 걸려. 맛있게 먹고 나서 덫을 다시 열면 뼈만 남아 있어!

4

파리지옥은 4~6년 뒤에 다 자라게 됩니다. 이제 매년 꽃을 피우며 앞으로 새로 자랄 씨앗을 만들죠.

나는 씨앗만 만드는 게 아니야. 이제 흙 밑의 알뿌리가 하나씩 떨어져 나가 더 많은 식물이 새로 자라기 시작하거든.

폭풍

먹구름이 몰려오며 하늘이 잿빛으로 찌푸리면… 폭풍이 다가와요.

폭풍은 습기가 많은 따뜻한 공기가 올라가서 차가운 공기와 만났을 때, 대기가 크게 흔들리면 발생해요. 모든 폭풍은 시작, 중간, 끝이 있어요. 이 단계를 형성기, 성숙기, 소멸기라고 불러요.

> 천둥은 번개가 칠 때 나는 소리예요. 우리는 흔히 번개를 본 뒤에 천둥소리를 들어요. 그 이유는 소리가 빛보다 더 느리게 이동하기 때문이랍니다.

1 따뜻한 수증기가 위로 올라가서 뭉게구름(적운)을 만들어요(따뜻한 공기는 차가운 공기보다 가벼워서 항상 위로 올라가죠). 따뜻한 수증기가 계속 올라가면서 '상승 기류'가 되죠.

2 뭉게구름이 쌘비구름(적란운)으로 발전해요.

3 물방울이 생기고…

4 비가 내려요.

> 너무 무거워서 공기가 우리를 떠받칠 수 없어. 밑으로 떨어져야 해!

5 한편, 차가운 '하강 기류'는 비가 내리도록 계속 아래로 끌어당기죠.

6 구름 안에서는 공기가 이리저리 밀치며 북적거리면서 차곡차곡 전기를 만들고 있어요.

> 우리 번개를 만들지!

7 천둥은 번개 칠 때 대기가 요란하게 울리는 소리예요.

8 하강 기류가 상승 기류보다 더 강해지면 폭풍이 점차 사라지기 시작하죠.

9 비가 내리면 수증기가 별로 올라가지 않아요. 그래서 빗방울이 다 떨어지면 폭풍이 멈춰요. 보통 뇌우(천둥과 번개를 동반한 비)는 한 시간 정도 계속되지만, 거센 폭풍이 몰려오면 아마 몇 시간 동안이나 가라앉지 않을 거예요.

폭풍은 항상 지나가지만 때가 되면 다시 찾아와요.

사계절

봄에는 새싹이 돋고, 여름에는 꽃이 피고, 가을에는 열매가 열리고, 겨울에는 꾸벅꾸벅 잠들어요.

지구가 자전축을 중심으로 한 바퀴 도는 데 24시간(하루)이 걸려요. 자전축은 지구 중심을 지나가는 고정된 가상의 선이에요. 지구가 태양 주위를 한 바퀴 도는 데는 365일(윤년에는 366일)이 걸려요. 계절이 있는 까닭은 지구가 팽이처럼 기울어져 태양 주위를 빙빙 돌기 때문이에요. 태양 쪽으로 기울어지면 더 따뜻하고 밝은 날을 보내고, 태양에서 멀어지면 더 춥고 어두운 날을 몇 달 동안 보내는 거죠.

해마다 봄, 여름, 가을, 겨울의 사계절이 있어요. 사계절은 대자연이 쉬면서 다시 처음으로 돌아와서 충전하고 회복하면서 다시 자라날 틈을 줍니다. 우리가 사는 곳이 세계 어디냐에 따라 계절이 저마다 매우 다르게 느껴지죠.

적도는 허리띠처럼 지구 중심을 두르는 보이지 않는 선이에요. 적도 지방은 따뜻한 계절이 계속되고 변화가 별로 없어요. 왜냐하면 중심부는 다른 지역과 달리 많이 기울어지지 않았거든요. 북극과 남극은 태양에서 가장 멀리 기울어져 있어서 날씨 변화가 훨씬 더 심해요. 당연히 영국이 여름일 때 오스트레일리아는 겨울이에요!

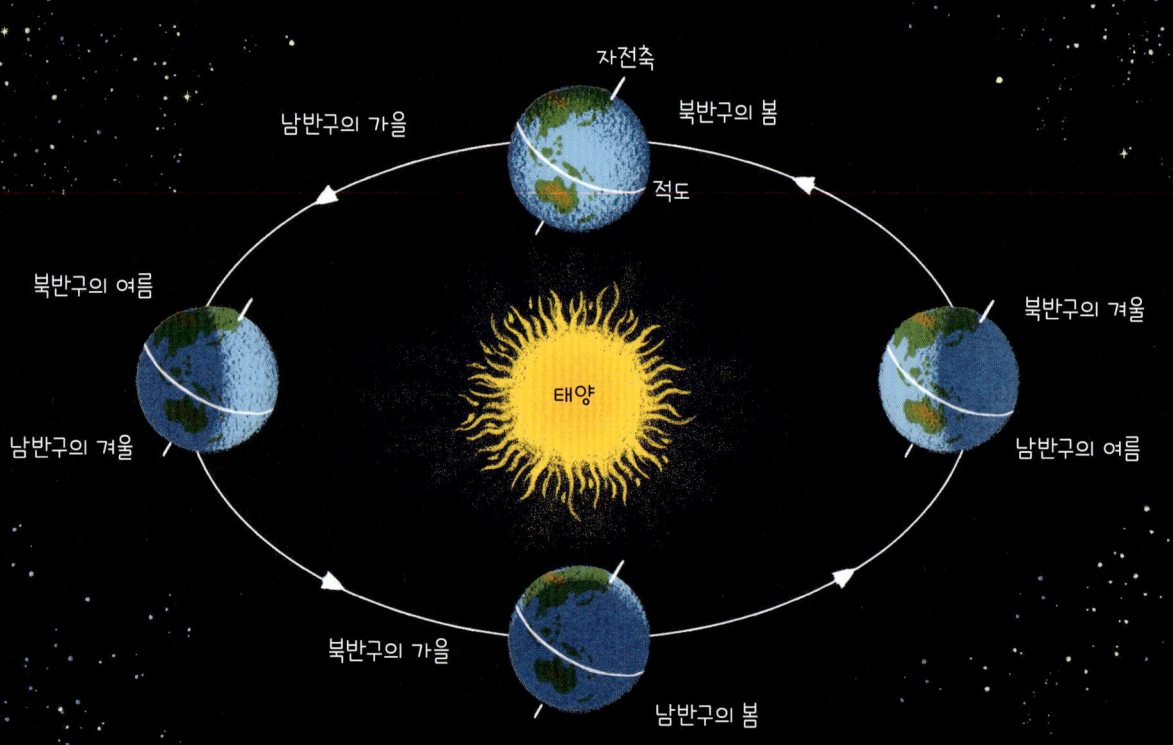

봄 1

봄이 오면 씨앗에서 뿌리가 나고 싹이 트기 시작하죠. 날씨가 점점 따뜻해지면서 봄비가 땅을 촉촉이 적셔 부드러워져요.

가을 5

가을에는 기온이 뚝 떨어지기 시작해요. 초록색이었던 나뭇잎은 시간이 지나면서 황갈색과 선명한 노란색, 울긋불긋한 단풍으로 변해요.

여름

2
나무에 꽃이 피고, 많은 식물이 싹을 틔우고 꽃을 피워요. 봄에는 마치 불꽃이 팡팡 터지듯이 흰 꽃과 분홍 꽃이 공원과 푸른 들판 곳곳에 활짝 피어요.

3
여름이 왔어요! 날씨는 더 따듯해지고 더 많은 식물이 꽃을 활짝 피워요. 때로는 여름 폭풍우가 휘몰아치면서 비가 많이 내리기도 하죠.

4
멀리 떠났던 동물이 화창한 날씨를 즐기려고 다시 돌아와요.

겨울

6
겨울은 춥고 얼음이 꽁꽁 얼어요. 어떤 때는 비나 눈이 많이 내리기도 해요.

7
동식물은 활동이 느려져요. 어떤 동물은 겨울잠을 자기도 하고, 어떤 동물은 따뜻한 나라로 이주하기도 해요.

8
많은 식물이 앙상한 나뭇가지만 내놓은 채 잠들어요. 다시 봄이 돌아올 때까지요.

물

짙은 먹구름이 깔린 하늘에서 비가 뚝뚝 쏟아져요.

우주에서 바라보면 우리의 푸른 행성 지구는 흰 무늬가 있는 파란 구슬처럼 하얀 소용돌이 모양으로 덮여 있어요. 바로 대기 중의 물이에요. 그 물은 구름 속을 돌아다니고, 바람에 날리고, 변하는 기상 전선에 밀려나기도 하죠. 어떤 빗방울이라도 다 바닷물에서 공기로 돌고 도는 여행을 해요. 물은 또다시 빙빙 돌면서 다시 쓰이죠.

땅윗물(지표수)은 강, 개울, 빙하, 호수, 바다를 이뤄요. 지하수는 땅속으로 스며 들어가 지하에 흐르는 하천을 찾아서 바위틈으로 스며들어요. 우리 발밑에서 흐르던 물은 다시 위로 되돌아와요. 사막에서도 지하 깊은 곳에 흐르는 물이 푸른 잎이 무성한 오아시스를 채우려고 솟아오르죠.

1
태양은 땅을 데우고, 강과 호수, 바다는 온도가 올라가죠.

2
물이 따뜻해지면 '수증기'로 변해요. 이제 물이 '증발'해서 기체가 되죠. 이 과정을 '증산'이라고 불러요. 추운 날 숨을 내쉬면 하얀 입김이 나와요. 마찬가지로 식물은 몸속 수분을 잎을 통해 수증기로 내뿜죠.

3
수증기는 공기가 더 차가운 하늘 위로 올라가요. 그러면 수증기는 다시 액체로 바뀌고 구름이 만들어지죠. 이 과정을 '응축'이라고 해요.

4
기류(공기의 흐름)가 생겨 구름을 밀면 구름은 세계 여기저기를 다 돌아다니죠.

5
공기 중의 물이 너무 무거워서 버티지 못하면 다시 비가 내려 지구로 떨어져요. 진눈깨비, 눈, 우박 또는 보슬비로 내리기도 해요. 이를 '강수'라고 불러요.

6
어떤 비는 호수, 강, 개울, 바다로 다시 떨어지죠. 그러면 이 물은 또다시 순환 과정을 반복해요. 어떤 비는 지하 깊숙이 가라앉아요. 이 물도 다시 빗물이 되는 방법을 찾아요. 빗물의 이야기는 끝이 없답니다.

지구 대기권을 벗어나는 물은 거의 없으므로, 여러분의 물컵에 담긴 물에는 맨 처음 공룡에 내렸던 빗방울이 들어 있을지도 몰라요!

땅(대륙)

지구가 우리 발밑에 단단하게 있지만, 땅(육지)은 움직이고 있어요. 항상 움직이고 있죠.

지구는 '대륙'이라 불리는 7개의 거대한 땅덩어리로 나뉘어 있어요. 가장 큰 대륙부터 순서대로 나열하면, 아시아, 아프리카, 북아메리카, 남아메리카, 남극, 유럽 그리고 오스트레일리아가 있어요. 우리 발밑의 땅은 단단하고 깊숙하지만, 대륙은 끊임없이 서서히 움직이고 있답니다.

1912년에 알프레트 베게너라는 과학자는 어떤 대륙의 해안선이 마치 퍼즐 조각처럼 서로 딱 맞춰지는 것처럼 보인다는 사실을 알았어요. 또 다른 증거로는 뭔가 자연환경에 안 맞는 것이 발견되었어요. 넓은 바다를 사이에 두고 동떨어진 나라에서 똑같은 바위와 화석이 나왔거든요. 열대 식물의 화석이 북극에서 발견되었는데, 열대 식물은 그렇게 추운 환경에서 절대로 살지 못했을 테니까요.

이렇게 특이한 증거를 통해 베게너는 어쩌면 대륙이 같은 장소에 있던 것은 아닐까 하고 생각했어요.

1

베게너는 약 2억 4천만 년 전에 세상이 '초대륙'이라는 하나의 거대한 대륙으로 이루어졌었다는 결론을 내렸어요. 그 대륙은 그리스어로 '모든 땅'이란 뜻의 '판게아'라고 불러요.

2

베게너의 '대륙 이동설'은 어떻게 초대륙이 수백만 년에 걸쳐 움직이면서 분리되었는지를 설명했어요. 하지만 베게너는 육지가 어떻게 움직이는지, 움직이는 원인이 무엇인지는 정확히 알지 못했어요.

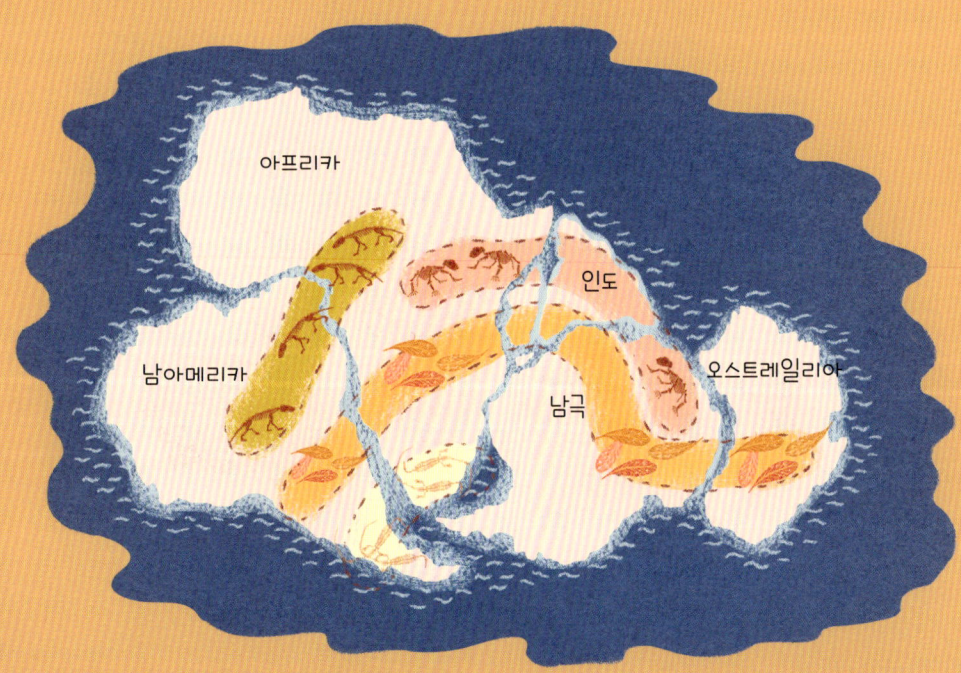

판게아는 약 2억 년 전에 갈라지기 시작했어요.

키노그나투스 화석: 약 3m 길이의 파충류

글로소프테리스 화석: 고생대 양치식물

메소사우루스 화석: 민물에 사는 파충류

리스트로사우루스 화석: 작은 초식 파충류

3

이제 과학자들은 대륙이 '판'이라는 커다란 암석에 놓인 채로 마그마 위를 떠다니고 있다는 사실을 알고 있어요. 이런 판은 서로 밀면서 떨어지고, 접히고, 부딪히고, 슬며시 떠내려가며 항상 움직이고 있어요.

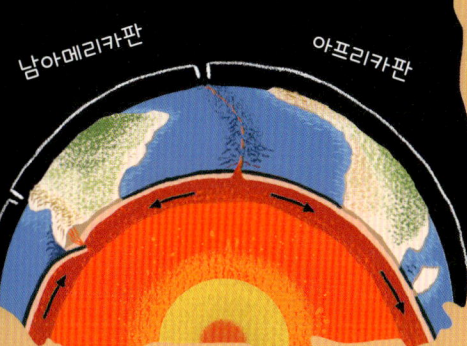

남아메리카판 　 아프리카판

4

대륙 이동설은 '판 구조론'이 되었어요.

- 🔴 북아메리카판
- ⚪ 유라시아판
- 🔵 태평양판
- 🟠 카리브판
- 🟢 아프리카판
- 🟣 인도판
- 🟡 남아메리카판
- 🟡 오스트레일리아판
- 🔵 남극판

5

수백만 년이 흐르면서 판게아는 작은 조각으로 차차 나뉘었어요. 떠다니던 조각은 오늘날의 대륙으로 흩어졌지요.

1억 7천만 년 전

1억 년 전

6

과학자들은 판게아만 초대륙이라고 생각하지 않았어요. 예전에는 다른 초대륙도 있었어요. 그 대륙도 지구가 태어나서 진화하는 동안에 갈라지고, 떠다니다가 다시 합쳐졌어요.

6천6백만 년 전

오늘날

우리 발밑의 지구는 여전히 움직이면서 변화하고 있어요. 상상해 봐요. 암석도 끊임없이 움직이고 있잖아요. 모든 것도 계속 움직여요. 이런 움직임, 즉 빙빙 돌면서 계속 바뀌고 있다는 것은 굉장해요! 우리가 사는 세상이 살아 있다는 뜻이니까요!

화산

꽝! 화산이 폭발하면서 회색 가루가 하늘로 휙휙 날리고 있어요. 잿더미에서는 날아오르는 불사조처럼 용암이 부글부글 끓어올라요.

화산은 지구 표면의 구멍 또는 '분출구'이며, 우리 지구는 화산으로 덮여 있어요. 화산 대부분은 물속이나 섬에 있으며 약 1500개의 화산만 활동하고 있어요. 화산 활동은 무서운 일이지만, 그 활동으로 지구의 땅이 만들어졌어요. 야생 동식물은 화산 용암이 남긴 단단하고 따뜻하며 무기물이 풍부한 땅에 적응해 왔고요. 생태계 전체는 그 주위에서 잘살고 있어요. 갈라파고스섬에 사는 갈라파고스이구아나는 화산 열로 알을 보호해요. 마찬가지로 새우와 게 등은 깊은 바닷속의 굴뚝, '열수 분출공'에서 나오는 영양분을 먹고 살아요.

화산의 일생은 준비, 분출, 완료의 세 단계로 나뉘어요.

준비

1 지구의 두꺼운 지각(땅껍질)은 거대한 암석 판으로 이루어져 있어요. 이들은 뜨거운 열로 암석이 녹아 액체가 된 마그마 위에 떠 있어요.

분출

1 충분한 압력이 가해지면 마그마가 그 틈을 뚫고 나가요. 그러면 분화구가 만들어져 활활 타는 화산이 생기는 거죠.

2 화산의 분화구에서 분출된 마그마를 '용암'이라고 해요. 때때로 용암은 아이스크림이 녹는 것처럼 화산 입구에서 천-천-히 흘러나와요. 이렇게 천천히 폭발하는 것을 '분출'이라고 해요.

완료

1 땅속 압력이 정상으로 돌아오고 지하 공간이 줄어드는 때가 와요.

어떤 화산은 물속에서 시작해서 우뚝 솟아올라 섬을 만들기도 해요. 빙상(대륙 빙하)과 빙하 속에도 화산이 있어요!

토네이도

하늘에서 휙휙 도는 소용돌이가 나타나더니, 멈추지 않고 격렬히 휘몰아치며 앞길에 놓인 것은 모조리 집어 던져요.

자연에서는 날씨가 진짜 나빠지면 가장 강하고 무시무시한 힘을 드러내는 토네이도가 생겨요. 우리나라에서는 이 회오리바람을 '용오름'으로 부르고 있어요. 온화한 회오리바람에서부터 시속 약 483킬로미터로 회전하며 파괴하는 토네이도까지 그 힘이 다양해요. 토네이도는 지구에서 가장 빠른 바람으로 대부분 북아메리카에서 일어나죠.

토네이도의 힘은 '후지타 등급'이라는 특별한 방법으로 측정해요. 숫자 0은 가장 약한 등급이고 5는 가장 힘이 센 등급이에요. 5등급 토네이도는 건물을 부수고 트럭을 장난감처럼 공중으로 휙휙 던질 정도로 사납게 휘몰아치는 바람을 뜻해요. 강력한 토네이도는 기차를 뒤집고 땅에서 나무를 확 뽑아 버릴 수 있어요. 토네이도는 예측할 수 없고, 통제할 수도 없으며, 연구하기도 어렵고, 엄청난 손해를 끼쳐요.

똑같은 토네이도는 하나도 없지만, 시작은 다 비슷해요.

1
지구는 여름철 햇빛에 뜨거워져요. 땅 위의 공기도 뜨거워지죠. 뜨거운 공기가 조용히 아무런 피해도 주지 않고 유령처럼 흐느적거리더니, 상승하기 시작해요.

2
이런 따뜻한 공기 방울을 '열기포'라고 불러요. 열기포가 위로 떠오르다가 매우 높아지면 구름을 만들어요.

3
더 높이 올라갈수록 공기는 더 차가워져요. 열기포가 아주 높이 떠오르면 훨씬 더 차가운 공기를 만나 뇌운(적란운)을 만들어요.

4
이제 폭풍이 몰아쳐요.

1

산은 지각에서 솟아올라요. 산은 지구의 판이 움직이면서 만들어지죠. 판은 뜨거운 열로 암석이 녹아 액체가 된 마그마 위에 떠 있어요. 마그마가 밑에서 부글부글 끓고 있을 때 판이 구부러지고 접히죠. 때로는 겹쳐서 지진이 일어나기도 해요. 어떤 때는 충돌해서 이런 산이 생기죠.

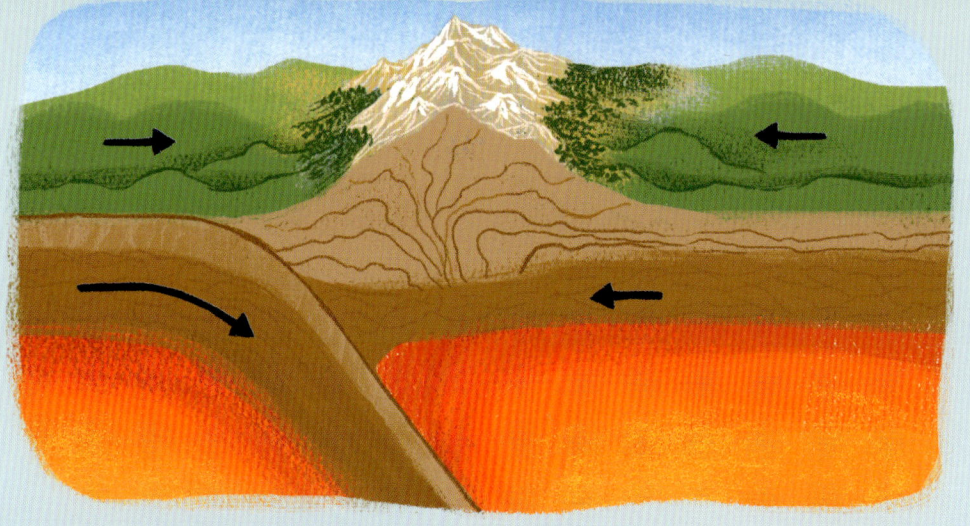

2

산은 1년에 몇 센티미터 자라는데, 다양한 요소로 모양을 잡아가다가 부서져 버리죠.

4

바위는 태양에 뜨거워지다가 시간이 지남에 따라 팽창하고 바짝 마른 뒤에 산산조각이 납니다.

산

눈으로 덮인 들쭉날쭉한 산봉우리가 그 밑에 펼쳐진 푸른 초원에 그림자를 드리우고 있어요.

산은 언덕과 비슷하지만, 엄청나게 커요. 산이 되려면 바닥에서 위로 약 610미터 올라와야 해요. 산은 보통 경사가 가파르고 꼭대기가 뾰족하지만, 언덕은 더 낮고 둥글죠. 에베레스트산은 높이 약 8848미터로 세계에서 가장 높은 산이에요. 네팔에서는 '하늘의 여신'을 뜻하는 '사가르마타'라고 불러요. 에베레스트산은 네팔과 중국 티베트 사이에 있는 히말라야산맥에 있으며 가장 아름다운 광경을 보여 주죠.

산은 아주 오래되고 넓으며 강해요. 산은 자연에서 맡은 역할을 하며, 살아 있는 다른 모든 생물처럼 탄생에서 죽음까지의 일생을 반복하죠.

7

내 얼굴에 있던 조각은 비에 깎이고 떠내려가 없어졌어. 그 틈으로 빗물이 스며들더니 서리가 내려 훨씬 더 넓어졌지.

10

중력은 뭐든지 아래로 끌어당겨요. 산 밑에서는 지진이 산의 밑바닥을 흔들어서 눈사태와 산사태를 일으켜요.

넌 눈치채지 못하겠지만, 나는 조금씩…

…해가 갈수록 점점 더 키가 크고 있지.

3
식물은 산 중턱을 단단하게 하지만, 뿌리가 바위와 부딪혀서 바위 모양을 달라지게 만들어요.

5
폭풍이 거센 비바람을 몰아치며 산을 깎아 침식시켜요.

6
산골짜기 시냇물은 자갈을 조약돌로 부숴요. 더 큰 돌은 빠르게 흐르는 강에 이리저리 던져지고 구르다가 완전히 모양이 바뀌죠.

8
바람은 산에서 나온 먼지를 모아 바다로 가져가서 모래사장을 만들어요. 또한, 바람은 작은 돌덩어리로 산비탈을 때려서 깎아내죠.

9
커다란 얼음 빙하가 엄청난 무게로 풍경을 밑으로 밀어 버렸어요.

11
수백만 년이 지나면서 자연의 엄청난 힘은 산을 계속 깎아내렸어요. 천천히 조금씩 산은 사라지죠. 한때 엄청나게 컸던 땅덩어리는 결국 평평한 땅이 되어 버렸어요. 더는 산이 아니에요. 그렇지만 지구가 쫙 벌어지면서 새로운 산이 언제 다시 태어날지 누가 알겠어요!

모래

끝없이 펼쳐진 황금빛 바닷가가 바다에서 밀려오는 파도에 흠뻑 젖어요.

수십억 개의 바닷가 모래알에는 아주 작은 조개껍데기와 산호, 작은 화석이 들어 있어요. 하지만 모래 자체는 '석영'이라는 암석 조각이에요. 석영은 규소와 산소로 이뤄져 있는데, 두 원소는 지각에서 가장 흔한 광물이에요.

하지만 모래는 그저 그런 흔한 광물이 아니랍니다. 이 조그만 모래알은 지구에서 큰 부분을 차지하고 있는데, 다 달라요. 어떤 모래알도 똑같지 않아요.

모래는 수백만 년을 왔다 갔다 하다 보니 시작과 끝이 확실하지 않은 일생을 보냅니다.

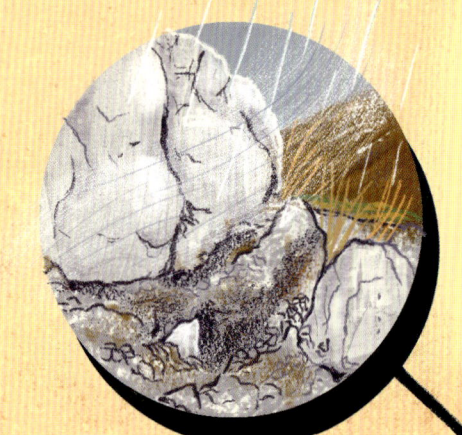

3
비가 내리면 모래 결정은 가까운 산골짜기 시냇물로 씻겨 내려가죠. 매년 거의 30억 톤에 달하는 돌이 물에 녹아 강으로 흘러가서 바다로 옮겨져요!

4
이 과정은 수천 년 동안 계속되어요. 언덕과 산에서부터, 강과 시냇물을 거쳐 바닷가로 모래알들이 끝없이 집혀 흘러가요.

2
몇 년이 지나면서 모래 결정이 바람과 비, 얼음에 침식되어 산비탈에서 떨어져 나와요.

1
석영은 지구의 겉쪽 아래 마그마가 차갑게 식어서 단단한 돌이 될 때 만들어지죠. 산이 생기고 돌이 단단해질 때 작은 공간을 남겨놓아요. 이 작은 공간에서 모래 결정체가 만들어지죠.

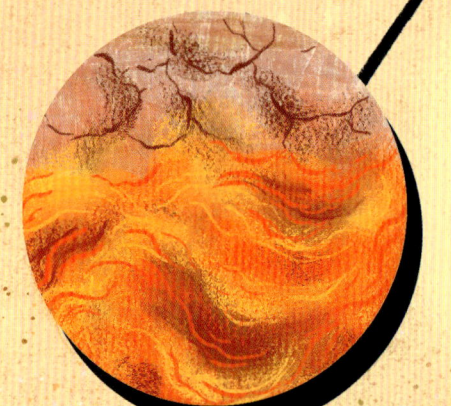

9
더 깊이 가라앉으면 뜨거운 열이 규암을 마그마로 바꿔 버려요.

빙하

커다란 얼음덩어리는 보이지 않는 힘에 당겨지고, 아주 거대한 얼음 무게에 밀려서 천천히 움직여요.

빙하는 오스트레일리아를 제외한 모든 대륙에서 강처럼 천천히 움직이는 얼음이에요. 빙하는 희끄무레하고 거대한 얼음덩어리입니다. 자라고, 녹고, 다시 얼고, 단단히 다지고, 쌓이고, 이동하고, 깨지고 다시 녹는 과정을 무한히 반복하죠. 빙하는 지구에서 가장 '활발하게' 자연의 놀라움을 보여 줍니다.

빙하가 지나가면 그 어마어마한 무게로 밑에 깔린 땅이 변해요. 빙하는 지나가면서 표면을 매끈하게 하고, 바위를 움직이고, 커다란 산비탈 덩어리를 깎아내죠. 빙하는 모든 계곡과 호수를 다 만들어요. 빙하는 세계에서 가장 많은 민물을 공급하죠.

1 모든 빙하는 눈송이로 시작해요.

2 눈이 점점 더 많이 내려요. 켜켜이 쌓인 층에 눈송이가 더해지면서 압력이 높아져요.

3 위에 떨어지는 눈의 무게가 증가하면서 서서히 밑에 깔린 눈이 단단해져서 얼음으로 변해요.

4 빙하가 만들어지려면 몇 년 또는 몇백 년이 걸려요.

5 무게와 중력이 가해지면 빙하가 아주 천천히 미끄러져요. 대부분 천천히 미끄러져서 1년에 겨우 약 50미터밖에 움직이지 않아요. 하지만 어떤 빙하는 하루에 약 30미터 거리를 움직일 정도로 빨라요.

6
빙하는 움직이면서 밑에 깔린 땅바닥에서 광물을 집어 가죠.

동결 융해
난 얼고, 녹고, 틈으로 스며 들어가서 다시 얼고, 팽창해서 바위를 깨부수지.

연마
내가 엄청난 힘으로 밀어붙여서 밑의 땅은 매끄럽고 평평해지지.

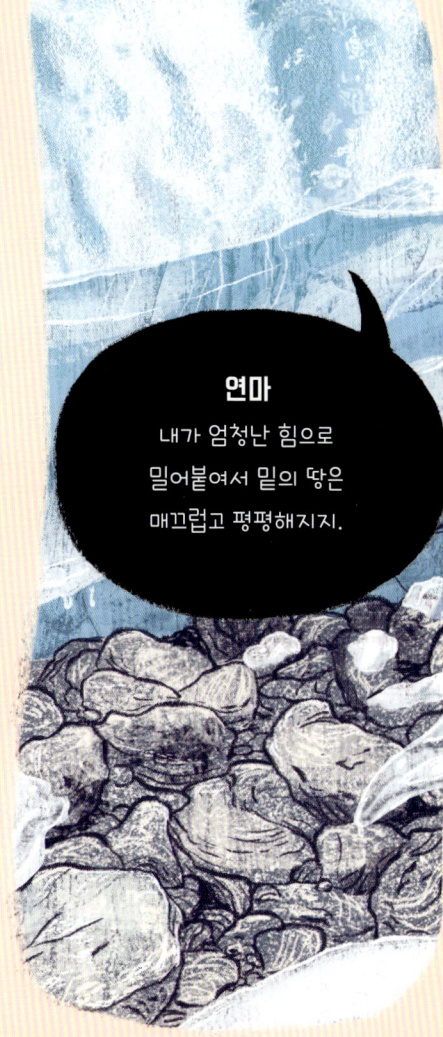

침식
난 얼음덩어리 밑의 돌과 바위를 끌고 가서, 빙하 바닥을 따라 긁어내며 더 많은 부스러기를 모아….

7
기후가 따뜻한 곳에 오면, 산 아래쪽에서 빙하가 녹기 시작해요.

8
빙하는 녹으면서 여행 중에 모아온 바위, 돌, 모래, 진흙을 남겨요. 이런 부스러기는 빙하가 옮겨서 쌓은 퇴적물입니다.

10
커다란 얼음덩어리가 떨어져 나가 물 위에 뜨면 빙산이 됩니다.

9
빙하가 녹은 물은 강물을 타고 바다로 흘러가죠.

그렇게 난 천천히 계속해서 얼고, 자라고, 움직이고, 녹고, 이동하고, 둥둥 떠다니면서 우리의 소중한 푸른 지구의 모습을 만들어 갈 거야.

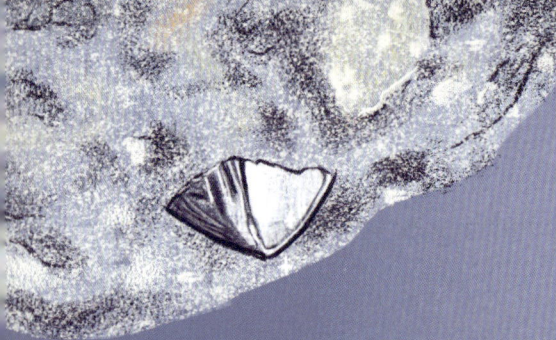

다이아몬드 (결정)

액체 암석이 결정화되면 광채가 나는 투명한 돌로 변해요.

색깔 없는 돌이 이렇게 아름다울 줄 누가 상상이나 했을까요?

결정은 액체가 식으면 만들어지는 무기질 고체입니다. 분자는 '결정화'라는 과정으로 삼각형, 직사각형, 정사각형의 대칭 배열로 다닥다닥 모이죠. 결정은 소금, 설탕 또는 눈송이처럼 일상생활에서 흔히 볼 수 있어요. 하지만 다이아몬드는 한 가지 원소인 탄소로만 만들어져서 특별한 결정체죠. 다이아몬드는 사실 탄소가 압축되어 변한 거랍니다.

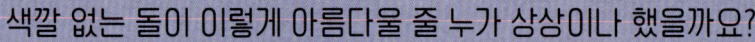

여기가 내가 태어난 곳이야!

1
지각 아래 약 150 킬로미터 깊이에는 마그마라는 액체 암석이 있어요.

2
마그마는 섭씨 1050도 정도로 엄청나게 뜨거워요. 그리고 마그마는 항상 움직이고, 밀고 떠밀리며, 부글부글 끓고 있어요. 이에 따라 생기는 압력은 굉장히 세죠.

3
다이아몬드가 만들어지려면 뜨거운 열과 압력의 균형이 딱 맞아야 해요. 마치 암석을 엄청나게 꽉 쥐어짠 것과 같아서 결과적으로 지구에서 가장 단단한 물질이 될 수밖에 없죠.

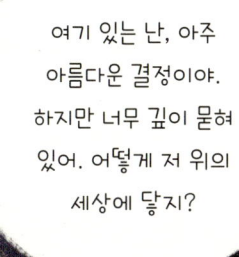

여기 있는 난, 아주 아름다운 결정이야. 하지만 너무 깊이 묻혀 있어. 어떻게 저 위의 세상에 닿지?

4

결정화는 며칠 또는 수십억 년에 걸쳐 일어날 수 있어요. 대부분 천연 다이아몬드는 수백만 년 전에 만들어졌어요.

5

저 다이아몬드는 어떻게 위로 올라갔을까요? '다듬어지지 않은' 다이아몬드 원석은 킴벌라이트라는 이상한 화산을 통해 지표면으로 이동했어요. 오래된 이 분화구는 지구에서 가장 오래된 암석에 남아 있었어요. 그래서 시속 약 249 킬로미터로 바위를 위쪽으로 발사할 수 있었죠!

로켓 발사 속도로!

마지막 킴벌라이트 화산 폭발은 약 2천5백만 년 전에 일어났어요.

천연 다이아몬드는 이렇게 만들어져요. 하지만 다이아몬드가 다 이렇지는 않아요.

6

다른 방법으로 생긴 아주 작은 다이아몬드 결정도 있어요.

어떤 작은 다이아몬드 결정은 아래쪽으로 향하는 판이 바다 밑으로 이동할 때 만들어져요.

다른 다이아몬드는 불타는 듯한 거대한 소행성이 아주 빠른 속도로 지구에 부딪힐 때 만들어지죠.

그리고 몇몇 '나노 다이아몬드'는 우주에서 왔어요. 지구와 충돌한 별똥별 안에서 만들어졌거든요.

우리는 우주 먼지고, 황금빛이고, 수십억 년 된 탄소야.

- C 탄소
- O 산소
- OCO 이산화탄소

탄소

항상 불타면서 변화하는 탄소는 지구에 사는 모든 생명체의 밑바탕을 이뤄요.

탄소는 모든 생명체에서 거의 20%를 차지하는 비금속 원소예요. 간단히 말해 탄소가 없다면 지구에는 생명체가 존재하지 않을 거예요. 탄소는 끊임없이 변화하고 새로워지며 순환하므로 대자연이 가진 최고의 재활용품이에요. 탄소는 숯처럼 거칠고 쉽게 부서지거나 아름다운 다이아몬드처럼 단단할 수도 있어요. 탄소는 지구에서 가장 강한 물질인 '그래핀'을 이루는 원소이기도 하죠. 탄소는 끝없이 변화하면서 분자 구조를 재배열하는, 변신하는 원소입니다.

탄소 원소는 다른 원소와 쉽게 결합해요. 탄소는 산소와 만나면 이산화탄소(CO_2)라는 기체를 만들어요. 이산화탄소는 태양 에너지가 다시 우주로 빠져나가지 못하게 가두는 '온실가스'죠. 온실가스는 지구를 적당한 온도로 유지하고 바다가 꽁꽁 얼지 못하게 막아 줘요.

1 지구의 탄소 대부분은 암석에 저장되어 있어요.

3 나머지 탄소는 대기와 생물에 있어요.

2 그런데 바다는 엄청나게 큰 그릇처럼 탄소를 저장하는 커다란 '탄소 흡수원'이에요.

4 동물은 먹고, 숨 쉬고, 번식하고, 죽고, 분해되면서 탄소를 만들어요.

5 수백만 년 전부터 이들 동식물이 죽고 남은 잔해는 지표면 밑으로 깊이 가라앉았어요. 수억 년 동안에 이런 잔해는 열과 압력을 받아 짓눌려서 단단히 다져졌어요.

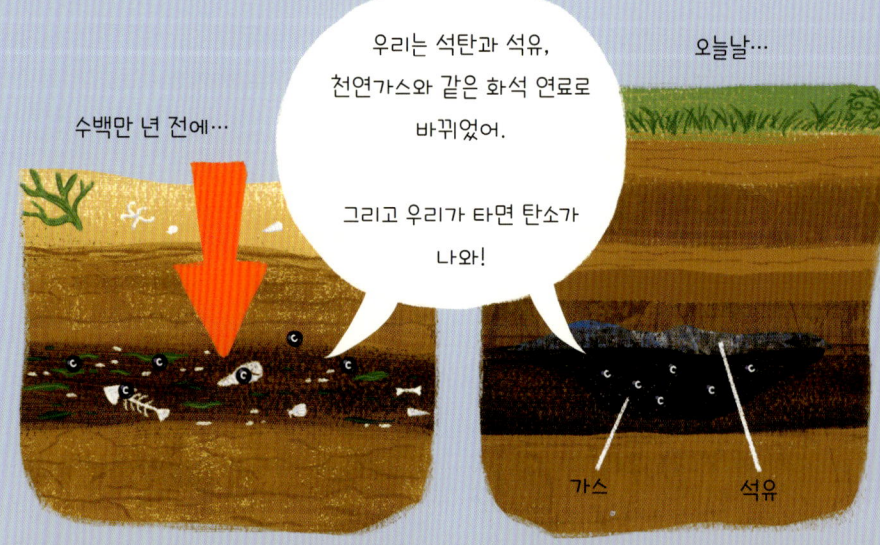

수백만 년 전에…

우리는 석탄과 석유, 천연가스와 같은 화석 연료로 바뀌었어.

그리고 우리가 타면 탄소가 나와!

오늘날…

가스 석유

우주

태양광선

황금빛 태양광선이 우주를 가로질러 수 킬로미터를 여행해요. 태양광선은 우거진 숲을 통과해서 우리 발밑의 지구를 따뜻하게 해요.

우리와 가장 가까운 별인 태양은 지구와 1억 5천만 킬로미터 떨어져 있어요. 태양이 없으면 어떤 생명체도 지구에 없을 거예요. 태양열이 없으면 지구는 꽁꽁 언 채 우주를 떠다니는 얼음덩어리일 거예요. 햇빛이 없으면 어떤 식물도 자랄 수 없으니까요. 산소를 만들고 먹을 것을 제공하는 녹색식물이 없다면 사람을 비롯한 어떤 동물도 살아남지 못해요.

태양이 너무 멀리 떨어져 있어서 햇빛이 지구에 도달하려면 오래 걸린다고 생각할지도 몰라요. 맞기도 하고, 틀리기도 해요.

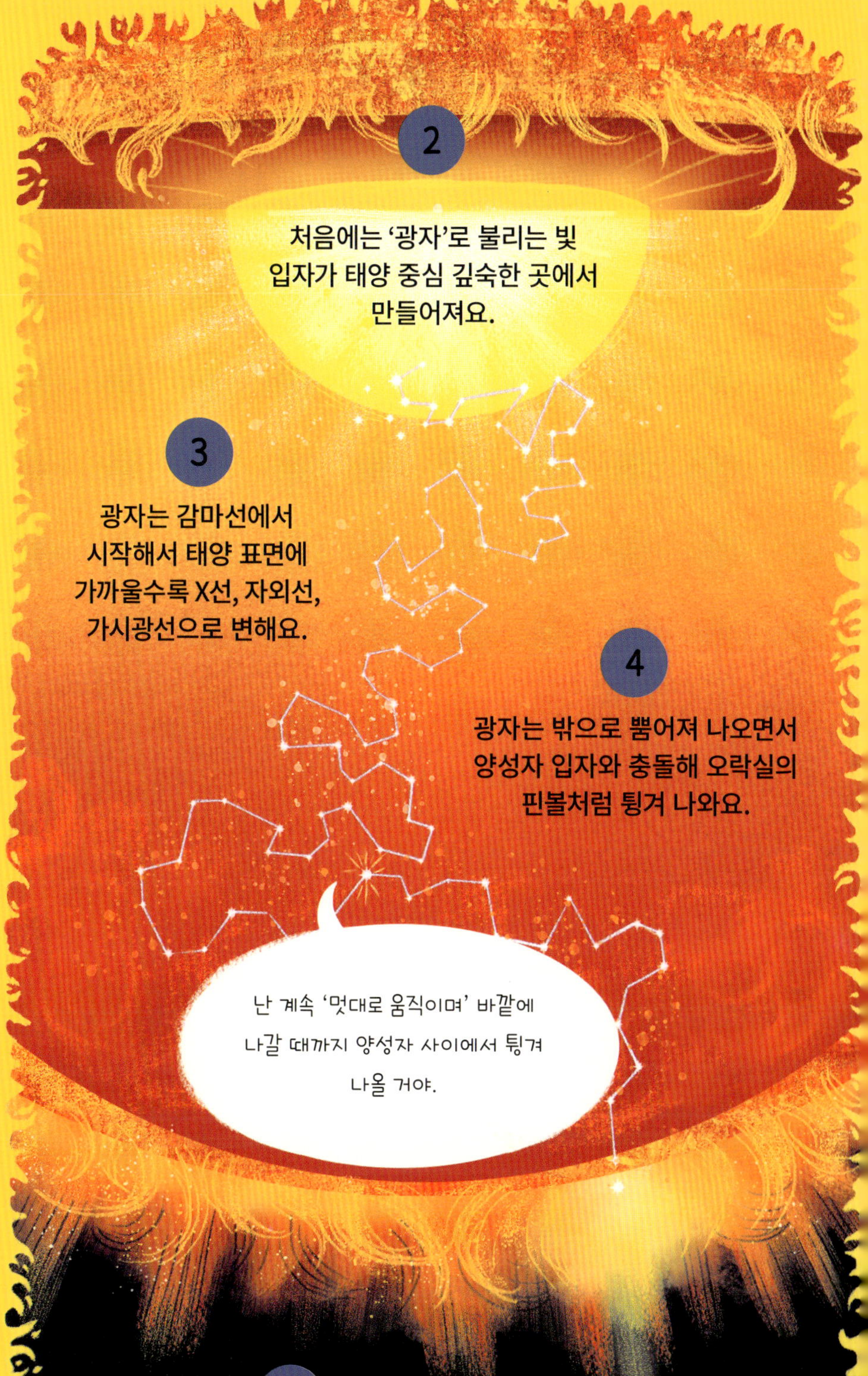

1
빛은 우주에서 어떤 것보다도 빠른 속도로 이동해요. 햇빛은 8분 20초 만에 지구에 도달하죠. 그런데 이건 햇빛이 지구로 가는 여행만 끝난 거예요.

지구로 가는 여행은 빠르지만, 태양의 중심에서 표면 끝까지 가는 여행은 빠르지 않아!

2
처음에는 '광자'로 불리는 빛 입자가 태양 중심 깊숙한 곳에서 만들어져요.

3
광자는 감마선에서 시작해서 태양 표면에 가까울수록 X선, 자외선, 가시광선으로 변해요.

4
광자는 밖으로 뿜어져 나오면서 양성자 입자와 충돌해 오락실의 핀볼처럼 튕겨 나와요.

난 계속 '멋대로 움직이며' 바깥에 나갈 때까지 양성자 사이에서 튕겨 나올 거야.

5
과학자들은 광자가 태양 중심에서 표면까지 가는 데 최대 17만 년이 걸릴 수 있다는 사실을 알아냈어요.

6
따라서 햇빛이 세상에 나와서 우리 눈에 도달하려면 실제로 17만 년에다가 8분 20초를 더해야 해요.

별

수백 광년 떨어진 별 사이의 공간에서 거대한 우주 먼지와 가스 구름이 한데 모이더니 서서히 반짝이는 덩어리로 변하고 있어요.

우주 깊숙한 곳에는 '성운'으로 불리는 마구 날뛰는 거대한 가스 구름이 있어요. 성운은 대체로 헬륨과 수소로 이뤄져 있어요. 성운 가운데 일부는 새로운 별이 태어나기 때문에 '별의 요람'이라고 알려져 있죠.

크기가 수십 광년에서 수백 광년에 이르는 성운은 하늘 위 바다에 있는 별들 사이에 쫙 퍼져 있어요. 성운은 희미하게 빛나는 탑이나 이글거리는 눈알 모양일 수도 있어요. 모두 다 숨 막히게 아름다우며, '나선 성운', '말머리성운', '수리 성운'과 같은 이름이 있어요.

성운에 포함된 물질은 중력이 서로 끌어당겨서 아주 천천히 휘저으며 이동해요.

1
가스는 점차 덩어리를 만들기 시작해요. 가스 덩어리가 커질수록 중력이 더 세게 작용해요.

2
결국 가스가 스스로 붕괴해서 아주 뜨거워져요.

3
가스 덩어리가 충분히 뜨거워지면, 수소 분자의 중심인 '핵'이 결합해서 헬륨을 만들면…

…별이 탄생하죠!

이 과정을 '융합'이라고 해요. 융합으로 에너지가 만들어지죠.

중심에 있는 핵에너지가 날 계속 뜨겁게 해!

4 별은 이제 '안정된 단계'에 접어들었어요. 열과 중력 사이의 균형이 딱 맞는 시기죠. 우리의 태양은 안정된 단계에 있어요.

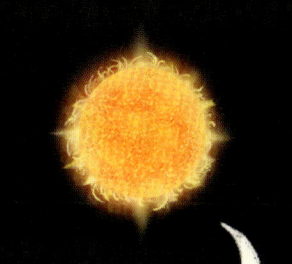

앞으로도 약 100억 년은 더 불타오를 거야.

5 별의 수소가 다 타고 나면, 별은 팽창해서 '적색 거성(부풀어 올라 거대해진 붉은 별)'으로 변해요.

6 모든 핵반응이 끝나면, 별이 줄어들기 시작하죠.

중력의 힘으로 '백색 왜성(밀도가 높고 흰빛을 내는 작은 별)'이 되었어.

7 별이 클수록 더 밝게 타오르죠. 더 밝게 탈수록 별의 수명은 짧아져요.

8 태양보다 큰 별은 그리 오래가지 못해요. 그런 별은 '적색 초거성'으로 변한 다음에…

9 …'초신성(보통 별보다 몇만 배 이상 밝게 빛나는 별)'으로 바뀌죠.

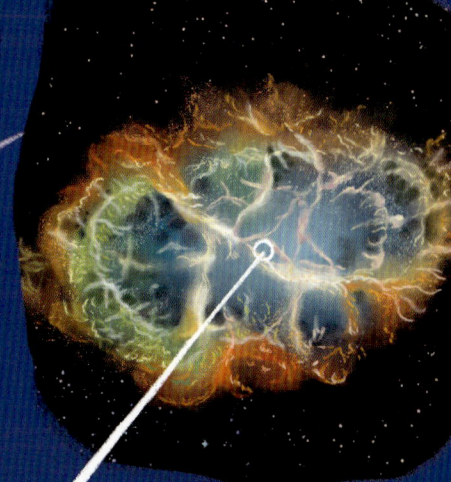

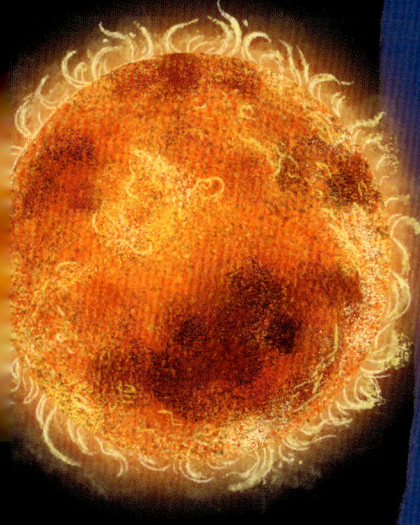

10 마침내 엄청나게 큰 별이 중성자별이나 블랙홀이 되어요.

블랙홀도 영원하지 않아요. 서서히 에너지를 우주로 다시 돌려보내죠.

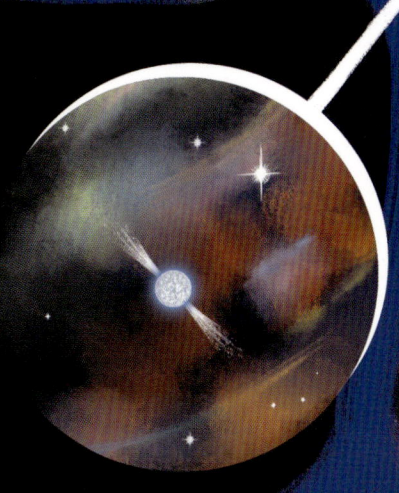
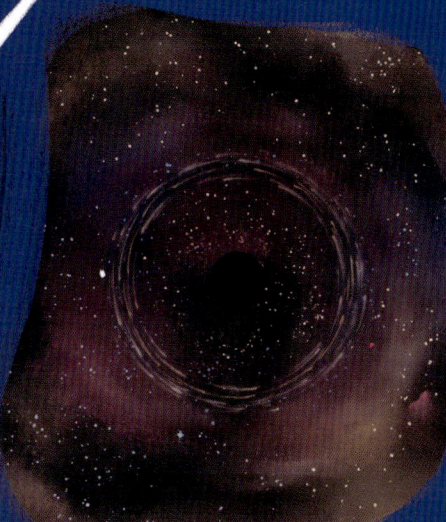

달

끌힘으로 밀물과 썰물을 만드는 달은 밤도 밝혀요.

달은 지구 주위만 도는 자연 위성이에요. 달은 지구의 자전축을 안정적으로 붙잡는 역할을 하고 있어요. 달의 궤도는 기후를 조절하고, 주기적으로 밀물과 썰물을 일으켜서 수천 년 동안 사람을 이끌어왔어요.

하늘을 바라보면 별에 둘러싸인 밝은 달이 보여요. 달은 빛나는 것처럼 보이지만, 사실 태양에서 온 빛을 반사하고 있어요. 또한, 달은 조금씩 커지다가 다시 사라지는 것처럼 보여요. 달이 지구 주위를 주기적으로 계속 돌고 있기 때문이죠. 달이 지구를 한 바퀴 다 돌려면 한 달(정확히 29.53일)이 걸려요.

달은 지구에서 얼마만큼 보이냐에 따라 모양이 달라지는 '위상(달의 여러 모습)'이 있어요.

"달이 차오른다."라는 말은 내가 점점 커진다는 뜻이야.

1 달이 태양과 지구 사이에 들어가 일직선을 이루는 때로, '삭'으로 불러요.

2 그다음에 초승달이 되죠.

3 상현달이 보여요.

9 지구가 태양 주위를 도는 것처럼 달은 지구 주위를 계속 빙빙 돌고 있어요. 태양이 에너지를 다 쓸 때까지 계속 공전할 거예요. 그런데 매년 달은 지구에서 조금씩 멀어지면서 돌고 있어요. 이 거리는 서서히 조수(밀물과 썰물)와 하루의 길이를 바꾸고 있어요.

나는 거의 다 찼지만, 아직 완전히 다 차 있지는 않아.

4
차오르는 달.

내 얼굴이 보이니?

5
보름달이에요. 동글동글한 쟁반처럼 밝게 빛나고 있어요.

6
기울어 가는 달.

"달이 기울다." 라는 말은 내가 점점 작아진다는 뜻이야.

7
하현달이에요.

은빛으로 빛나는 난 곧 다시 새로워질 거야!

8
기울어 가는 그믐달.

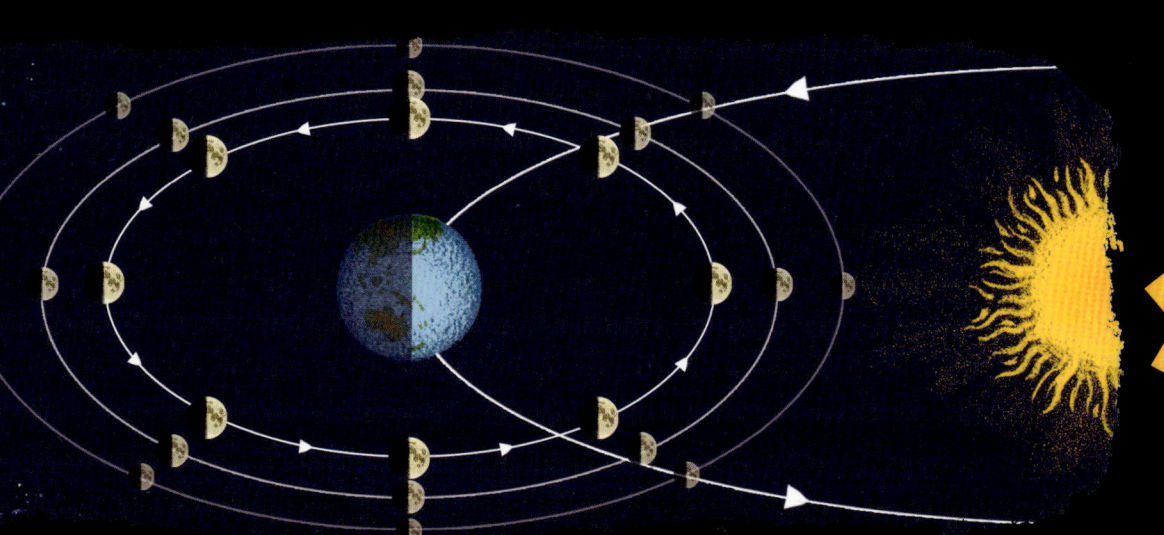

지금으로부터 약 6억 년 뒤에는 달이 너무 멀어져서 태양을 가릴 수 없을 정도로 작아져 더는 일식이 일어나지 않을 거예요. 그렇지만 그런 일은 아주 먼 훗날의 이야기죠.

혜성

혜성은 먼 우주에서 혼자 외롭게 떠돌아다니고 있어요. 혜성은 긴 머리처럼 꼬리의 흔적을 길게 남기는 별입니다.

'꼬리별'로도 불리는 혜성은 수천 년 동안 천문학자의 마음을 확 사로잡아 왔어요. '혜성'이란 이름은 '머리털'을 뜻하는 그리스어에서 왔어요. 그런데 이 우주 암석은 '털이 많은 별'도 아니고 '불덩이'도 아니에요. 혜성은 태양계 바깥쪽에서 긴 타원형 궤도를 그리며 태양 주위를 도는 오래된 먼지와 얼음 물체랍니다.

여행이 시작되었어요.

1 46억 년 전에 태양계가 생겼을 때 먼지, 얼음, 우주 잔해는 태양에서 가장 멀리 떨어진 추운 곳에 버려졌어요.

2 중력이 이 쓰레기들을 한데 모아 덩어리로 만들었어요.

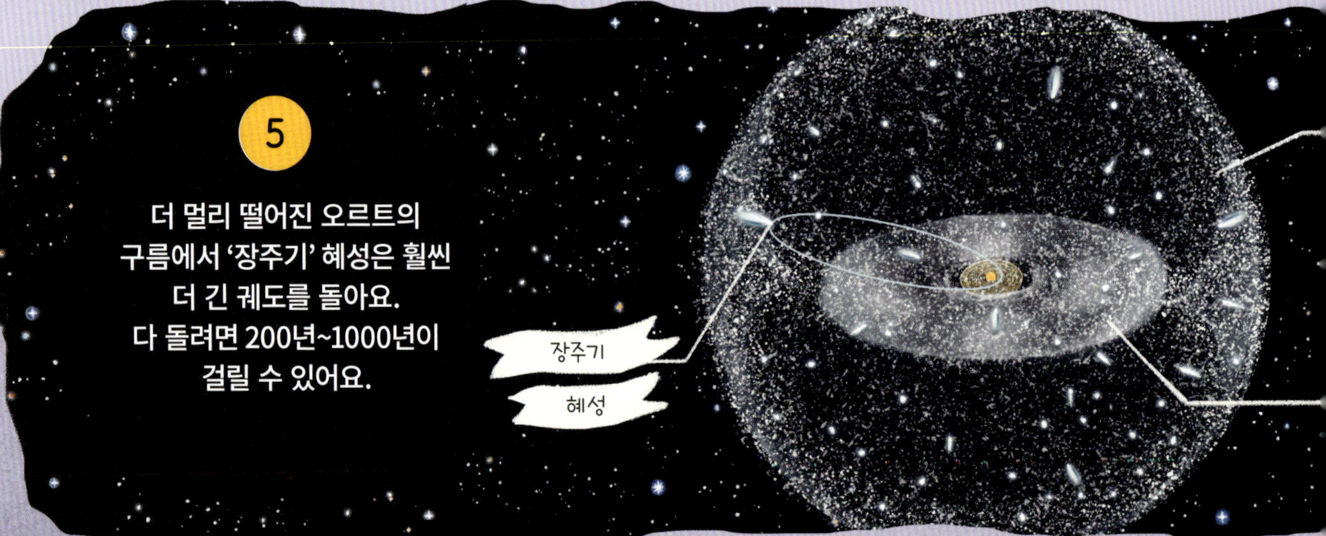

5 더 멀리 떨어진 오르트의 구름에서 '장주기' 혜성은 훨씬 더 긴 궤도를 돌아요. 다 돌려면 200년~1000년이 걸릴 수 있어요.

장주기
혜성

내 꼬리는 가장 눈에 띄고 멋진 부분이지! 가끔 길이가 약 966만 킬로미터에 이르기도 해!

먼지 꼬리

가스 꼬리

지구

거대한 푸른 바다, 사막, 산, 푸른 숲, 수많은 생물과 먹을 것이 풍부한 이곳은 우리의 집, '지구'라는 행성입니다.

행성은 별이 죽을 때 생겨요. 어떤 행성은 표면이 단단하고 바위투성이고, 어떤 행성은 표면에 단단한 물질이 하나도 없는 커다란 가스 덩어리고요, 또 다른 행성은 크고 동글동글한 얼음덩어리기도 해요. 우리 태양계는 태양이란 별 주위를 도는 8개의 행성이 있어요.

태양에서 세 번째 행성은 불타는 핵과 바깥쪽에 단단한 지각이 있어요. 그 행성은 온화한 기후와 산소가 풍부한 공기로 다양한 생명을 지탱해 줘요. 그 행성을 '지구'라고 불러요.

난 46억 년 전에 커다란 성운에서 요동치는 가스와 먼지를 중력이 끌어당겼을 때 생겨났지.

1

처음에 지구는 펄펄 끓는 마그마로 가득한 바다로 덮여 있었어요. 생명체도 없고, 공기도 없었어요. 그저 이산화탄소와 질소, 황만 있었죠.

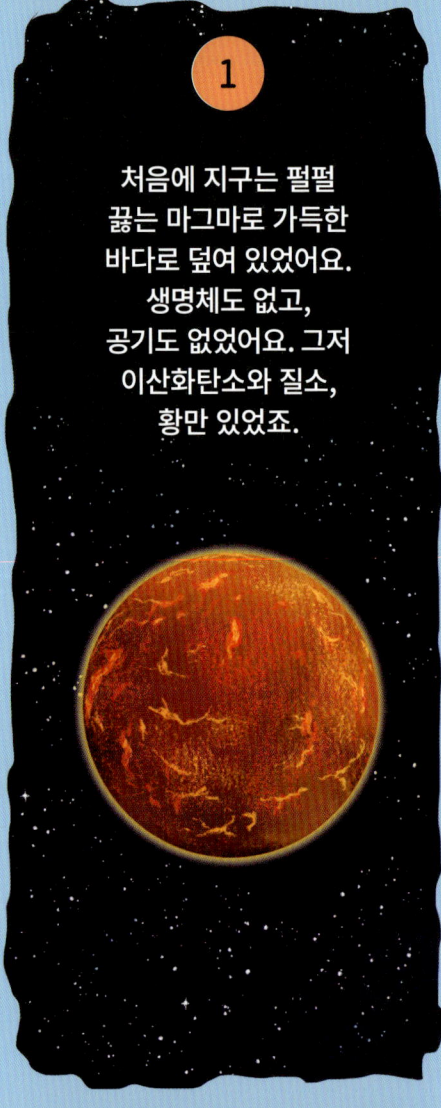

2

수백만 년 뒤에 지구는 더 작은 행성과 꽝 부딪혔어요. 그 충돌에서 나온 부스러기로 달이 생겼어요.

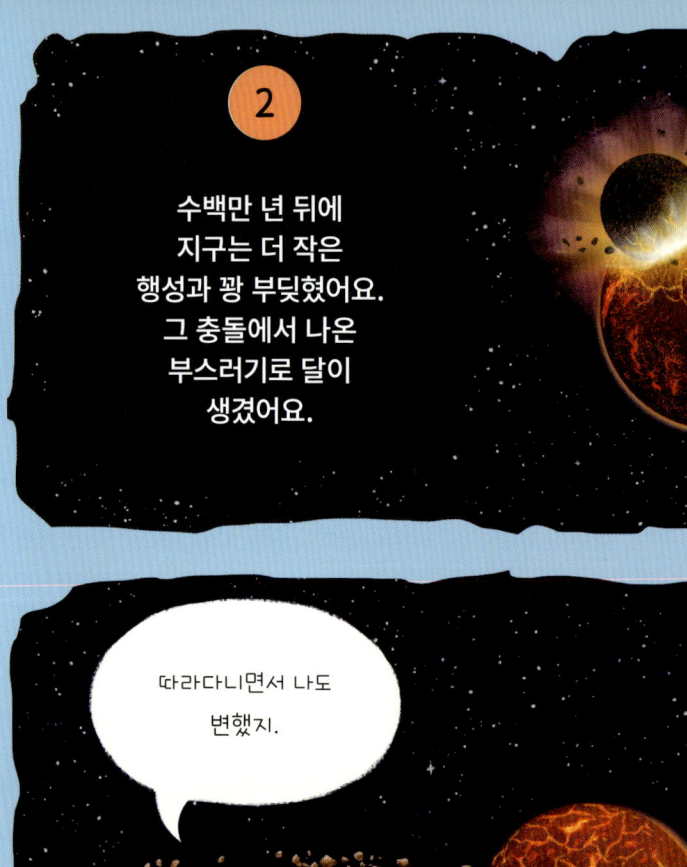

따라다니면서 나도 변했지.

3

약 38억 년 전에 소행성이 지구에 마구 쏟아지면서 우주에서 물을 가져왔어요.

나는 아직 산소도 없고 오존층도 없어.

4

그 뒤 수십억 년에 걸쳐 지구는 계속 추웠다가 변화하면서 진화했어요. 지구는 얕은 바다로 덮여 있고요. 물에서 처음으로 생명이 시작되었죠.

5

지구는 여러 번의 빙하 시대 중 첫 번째를 겪어요.

난 커다란 눈덩이야!

6

얼음이 녹으면 산소가 아주 많이 나와서 지구에 생명체가 폭발적으로 늘어났어요. 외골격을 가진 이상하고 특이한 동물인 절지동물과 식물이 나타났죠.

7

약 3억 년 전에 커다란 곤충이 세상을 지배했어요. 갈매기만 한 크기의 잠자리가 있었어요!

8

그러다가 2억 5천만 년 전에 공룡이 등장했어요.

우리는 1억 6천5백만 년 동안 지구를 지배했지!

9

2억 년 전에 최초의 포유류가 나타났어요.

10

약 30만 년 전에 현생 인류의 조상인 호모 사피엔스가 처음으로 직립 보행(등을 꼿꼿이 세우고 걷는 일)을 했어요.

난 46억 살이야. 77억 9천만 년 동안 살아갈 거야.

블랙홀

먼 우주에는 어두컴컴한 것이 있어요. 별보다 수십억 배 큰 블랙홀은 뭐든지 다 끌어당겨요.

우주에는 중력이 너무 세서 어떤 것도, 빛조차도 빠져나가지 못하는 강력하고 어두운 장소가 있어요. 바로 '블랙홀'이에요. 블랙홀에는 우주에서 가장 신비로운 힘이 있어요. 별이나 행성과는 달리 블랙홀은 표면이 없어요. 과학자들은 빛과 우주 파편이 블랙홀 주위에서 움직이는 방향을 보고 그 존재를 알 뿐이에요.

태양보다 몇 배 더 큰 블랙홀은 '항성질량 블랙홀'이라고 불러요. 우주를 연구하는 천문학자들은 우리은하에 약 10만 개의 블랙홀이 있다고 생각해요.

항성 블랙홀의 탄생은 별의 죽음으로 시작해요.

1
아마도 태양보다 10배쯤 더 무겁고 커다란 별의 생명이 끝나가고 있어요. 연료가 떨어지면 중력이 별보다 더 세서 멈출 수 없이 안쪽으로 밀려나요.

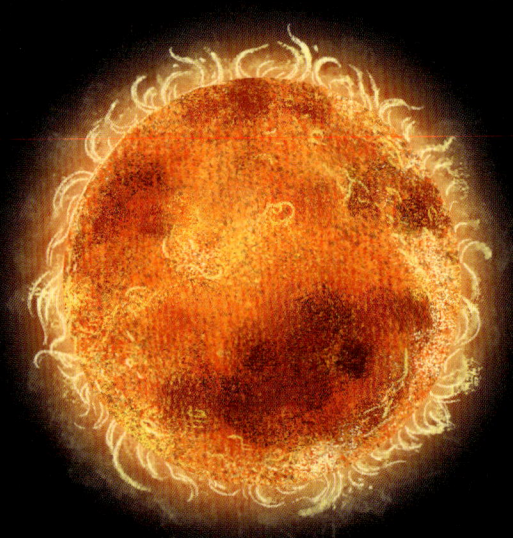

2
마침내 별은 '초신성'으로 불리는 아주 강력한 폭발이 일어나 터지고 말아요.

난 겨우 100초 있다가, 갑자기 어마어마한 힘으로 수백만 년 전에 사라진 빛이야!

3
폭발이 너무 강하면 블랙홀이 되죠.

4
이런 대규모 폭발로 인한 충격파는 우주에 퍼져서 더 많은 가스와 먼지를 뜨겁게 만들고 더 많은 별을 만들어요. 이런 별 중에서 가장 큰 별이 폭발하면 그 힘으로 더 많은 별이 만들어져요. 그렇게 별과 별 사이에 원인과 결과가 반복되는 놀라운 순환이 계속되죠.

5
한편, 블랙홀은 주위의 모든 빛과 질량, 별을 몽땅 흡수하면서 계속 커져요.

6
블랙홀은 수명이 다하면 에너지가 점차 사라져서 우주로 돌아갈 거예요.

7
하지만 '초대질량 블랙홀' 이라는 훨씬 더 이상한 블랙홀이 있어요! 태양보다 수백만 배, 심지어 수십억 배 더 무거울 수 있어요.

8
은하계 대부분에는 중앙에 초대질량 블랙홀이 있어요. 우리은하 중앙에도 블랙홀이 있어요.

과학자들은 초대질량 블랙홀이 어떻게 존재하는지 확실히 다 알지 못해요. 하지만 그건 또 다른 이야기죠.

찾아보기

ㄱ

겨울잠 65, 69
결정화 81, 84, 85
곤충 5, 10, 32, 46, 47, 49, 51, 64, 97
공룡 22, 97
광자 89
광합성 64, 87
굴광성 50
균근균 58
균사 54, 55
균사체 54, 55
그래핀 86
그린란드 상어 36, 37
기류 67, 71
기후 변화 26
꽃가루받이(수분) 32, 47, 49, 50, 51, 53, 63
꿀벌 32, 33, 49, 53

ㄴ

나노 다이아몬드 85
남아메리카(남미) 20, 50, 72, 73
남아프리카 63

ㄷ

다람쥐 41
다이아몬드(결정) 84, 85
달 92, 93, 96
닭 22, 23
대륙 이동설 72, 73
대서양 24
도토리 41
동결 융해 83
동아프리카 28
두리안 14
땅(대륙) 72, 73

ㄹ

러시아 50

ㅁ

마그마 73, 74, 75, 78, 80, 84, 96
마다가스카르 62
메두사 35
모래 80, 81
문어 18, 19

물 70, 71
민들레 46, 47
밀 42, 43
밀가루 43
밀기울 43

ㅂ

바다 16, 17, 18, 19, 24, 25, 26, 27, 34, 35, 36, 48, 49, 70, 71, 80, 81, 83, 86, 96
바오바브나무 62, 63
방울뱀 20, 21
버섯 54, 55, 58
번데기 33
벌거숭이두더지쥐 28, 29
벌집 32, 33
변태(탈바꿈) 7, 11, 13
별 89, 90, 91, 94
부화 13, 31, 37
북극 26, 36, 38, 68, 72
북극곰 26, 27
북대서양 36
북아메리카(북미) 20, 54, 72, 73, 76
북아프리카 12
붉은캥거루 8, 9

블랙홀 91, 98, 99
빙산 83
빙하 79, 82, 83

ㅅ

사계절 68, 69
사과 52, 53
사암 81
산 78, 79
산파개구리 12, 13
상승 기류 67
새끼주머니(육아낭) 8, 24
생체 발광 16
석영 80, 81
설치류 28
성운 90
세쿼이아 56, 57
수증기 67, 70
슈퍼셀 77
스쿼팅 오이 44, 45
씨앗 42, 44, 45, 46, 47, 48, 50, 51, 52, 56, 60, 61, 62, 63, 64

ㅇ

아귀 16, 17
아성충 5
아프리카 62, 72
알프레트 베게너 72
애벌레 5, 6, 7, 10, 11, 33, 41
양서류 12, 65
연꽃 60, 61
연마 83
영장류 14
오랑우탄 14, 15
오르트의 구름 94, 95
오스트레일리아 8, 56, 62, 68, 72, 73, 82
옥색긴꼬리산누에나방 6, 7
온대 42
올챙이 10, 13
완보동물 30, 31
용암 74, 75
우드 와이드 웹 58
우리은하 98, 99
윌리엄 셰익스피어 38
유대목 동물 8
유럽 12, 50, 54, 72
유인원 14
융합 90
응축 70

이산화탄소 86, 87, 96
인간 38, 39

ㅈ

자외선 89
잠자리 10, 11, 97
적도 68
적란운 67, 76
적색 거성 91
적운 67
정자 17, 32, 38
제꽃가루받이 51
중남미 50
중미 20
증발 70
증산 70
지구 68, 70, 71, 72, 73, 74, 75, 89, 92, 93, 96, 97

ㅊ

참나무 41
천둥 67, 77
초신성 91, 98
초원 8, 28, 78

초유기체 32, 59
침식 79, 80, 83

ㅋ

카이퍼 벨트 95
캥거루 8, 9
코코넛 48, 49
코코야자 48
콤바인 43
킴벌라이트 85

ㅌ

탄소 84, 85, 86, 87
탈피(허물벗기) 7, 30
태양 68, 70, 89, 91, 92, 93, 94, 95
태양광선 89
토네이도 76, 77

ㅍ

파리지옥 64, 65
파충류 20, 72

판 73, 74, 75, 78, 85
판 구조론 73
판게아 72, 73
페로몬 6
포유동물(포유류) 14, 26, 38, 97
폭풍 67, 79
폴립 35
플라눌라 34
플랑크톤 17, 35
플랜지 14

ㅎ

하루살이 5
학배기 10
해마 24, 25
해바라기 50, 51
핼리 혜성 95
행성 70, 71, 96
허물 7, 20, 21, 30
혜성 94, 95
호모 사피엔스 97
홀씨(포자) 54, 55
홍해파리 34, 35
화산 74, 75, 85, 87
후지타 등급 76

개비 도네이 글
영국의 어린이 프로그램 방송 작가이자 시인, 각본가입니다.
유아용 TV 프로그램 〈호기심 나라 오키도(OKIDO)〉와 다른 어린이 프로그램 시리즈의 글을 썼습니다.
어린이 예술·과학 잡지 《오키도》에 글을 쓰며 어린이책 작가로도 활동하고 있습니다.
그동안 쓴 책으로 《주머니쥐 꼬리》, 《공룡이랑 살면 얼마나 좋을까!》 등이 있습니다.

마고 삼손 아바디 그림
프랑스의 일러스트레이터이자 패턴 디자이너입니다.
섬유와 패션 디자인을 전공한 뒤 아동복 디자이너로 일했습니다.
지금은 패션, 인테리어 장식, 문구류, 어린이책과 잡지 등을 위한 패턴 디자인을 하고 있습니다.
자연과 어린 시절의 추억, 민속, 여행, 문학과 음악 등에서 영감을 얻어서 작업합니다.

한성희 옮김
저널리즘을 공부했으며, 현재 번역 에이전시 엔터스코리아에서 전문 번역가로 활동하고 있습니다.
옮긴 책으로는 《진정한 아름다움》, 《종소리 울리던 밤에》, 《겨울은 여기에!》, 《작은 별을 주운 어느 날》, 《지구를 지켜줘!》,
《리키, 너도 구를 수 있어!》, 《작은 구름 이야기》, 《산타의 365일》, 《어마어마한 곤충의 모든 것》 등이 있습니다.